Ute Fastner

Dr. med. Irmgard Zuleger

So schläft
Ihr Kind gut

Dr. med. Irmgard Zuleger

So schläft Ihr Kind gut

Erkennen und beseitigen
Sie Schlafstörungen Ihres Kindes

Bildquellenverzeichnis

dpa, Frankfurt/Main: 11, 15, 16, 20, 23, 26, 33, 35, 38/39, 57, 61, 69, 70, 84, 90, 92, 103, 135, 138/139, 141

MEV, Augsburg: 8/9, 10, 18, 34 u., 58, 72, 74, 94, 96, 102, 111, 120/121, 122, 123

Heidi Velten, Leutkirch-Ausnang: 13, 22, 28, 29, 30, 31, 34 o., 37, 40, 45, 48, 51, 52, 54, 59, 60, 64, 67, 73, 75 (2), 77, 81, 82, 87, 88, 89, 91, 93, 95, 98, 99, 101, 105, 107, 108, 112, 114, 115, 117, 118, 125, 127, 128, 130, 132, 136

Umschlagabbildungen: MEV, Diana Billaudelle

Die Ratschläge in diesem Buch sind von der Autorin und vom Verlag sorgfältig erwogen und geprüft, dennoch kann eine Garantie nicht übernommen werden. Eine Haftung der Autorin bzw. des Verlages und seiner Beauftragten für Personen-, Sach- und Vermögensschäden ist ausgeschlossen.

© Honos Verlag GmbH, Köln
Gesamtherstellung: Honos Verlag GmbH, Köln
Alle Rechte vorbehalten

ISBN 3-8299-0604-8

www.honos-verlag.de

Vorwort

Wer nicht schlafen kann, leidet. Wenn Kinder nicht schlafen können, leiden außer dem Kind auch die Eltern. Und jeder fragt sich: „Warum schläft dieses Kind nicht?" Die Antwort darauf lautet: Es schläft nicht, weil es noch nicht gelernt hat, ohne die Hilfe seiner Eltern zu schlafen oder weil es andere Bedürfnisse hat, die erst gestillt sein müssen, bevor es schlafen kann. Es bleibt keineswegs wach, weil es seine Eltern tyrannisieren will!

Mit diesem Buch zeige ich Ihnen, wie Sie Ihrem Kind zu einem normalen, gesunden Schlaf zur rechten Zeit verhelfen können, indem Sie es lehren, ohne Ihre Hilfe im eigenen Bett einzuschlafen. Ob Sie es glauben oder nicht, Sie werden erleben, dass Sie dieses Ziel mit der richtigen Anleitung in wenigen Tagen, höchstens in etwa zwei Wochen erreichen werden.

Außerdem erkläre ich Ihnen, wie Sie Ihrem Kind helfen können, seine Ängste abzubauen. Ängste sind Störfaktoren, die das Einschlafen erschweren, weil sie das Gefühl des Geborgenseins verhindern.

Geborgen zu sein und sich geliebt zu wissen sind aber die Voraussetzungen, die das Kind braucht, um gut zu schlafen und fröhlich den neuen Tag zu beginnen.

Anhand von Beispielen aus meiner praktischen Tätigkeit als Psychotherapeutin in der Kinderarztpraxis meines Mannes werde ich Ihnen Wege zur Selbsthilfe zeigen, die Sie ebenso erfolgreich gehen können, wie ich sie mit meinen kleinen Patienten gegangen bin.

Außerdem biete ich Ihnen Informationen, die Ihren großen Kindern helfen, mehr erholsamen Schlaf zu bekommen, ohne dass sie auf die Lebensweise der heutigen jungen Generation verzichten müssen.

Dr. Irmgard Zuleger

Inhalt

Vorwort — 5

WAS SIE WISSEN MÜSSEN — 8

Grundsätzliches — 10
Schlafschwierigkeiten als Familienbelastung — 10
Art und Häufigkeit von Schlafstörungen — 12
Schlafstörungen im Säuglingsalter — 15
Schlafstörungen im Kleinkindalter — 20
Schlafstörungen im Schulalter — 21

Was ist Schlaf überhaupt? — 23
Die Schlafphasen — 24
Die Entwicklung eines Tag-Nacht-Rhythmus in den ersten Lebensmonaten — 25
Der Schlafzyklus – Wechsel von Traumschlaf zu Tiefschlaf — 25
Das normale Schlafmuster — 26
Wie viel Schlaf braucht ein Kind? — 28

Die Voraussetzungen für einen erholsamen Schlaf — 30
Das richtige Maß an Müdigkeit — 30
Der Schlafplatz des Kindes — 31
Das Schlafritual — 33
Sicherheit, Geborgenheit und Vertrauen: die Grundlagen des Allein-einschlafen-Könnens — 34
Allein-einschlafen-Können als Voraussetzung für Durchschlafen — 36

WAS SIE TUN KÖNNEN — 38

Praktische Hilfe bei Schlafproblemen — 40
Schlafprobleme von Anfang an vermeiden — 40
Das Schlafprotokoll — 41
Die Ferber-Methode — 44
Das Schrei-Baby — 46
Methoden gegen das Schreien — 50

Die häufigsten Schlafprobleme bei Säuglingen und Kleinkindern 55
Worin besteht das Problem? ... 55
Der Sechs-Stufen-Weg zum guten Schlaf ... 60
Der Schnuller – Hilfe oder Problem? ... 75
Nachtmahlzeiten – nicht auf Dauer ... 77
Unregelmäßige oder unangemessene Tagesabläufe und verschobene Schlafzeiten als Ursachen für Schlafstörungen ... 78
Kulturell bedingte Unterschiede in der Schlaferwartung ... 85
Die häufigsten Schlafprobleme bei Kleinkindern ... 86

Schlafprobleme bei Schulkindern 98
Verschobene Schlafzeiten ... 98
Wie viel Schlaf braucht Ihr Kind? ... 102
Macht Ihr Kind sich Sorgen? ... 103
Verschiedene Erfolgsstrategien ... 104

Schlafprobleme bei Jugendlichen 117
Wie Sie mit Ihren Großen Kompromisse schließen ... 118
Ängste als Schlafverhinderer ... 119

WAS ELTERN SONST NOCH SORGEN MACHT 120

Plötzlicher Kindstod 122

Abnorme episodische Ereignisse im Schlaf (Parasomnien) 124
Kopfschlagen, Wippen und Zucken der Gliedmaßen (Jaktationen) ... 124
Schlafwandeln (Somnambulismus) und Nachtschreck (Pavor nocturnus) ... 127
Atemprobleme im Schlaf (obstruktive Schlafapnoe) ... 134

Schlafzwang (Narkolepsie) 134

Bettnässen 136
Das reine, monosymptomatische Bettnässen (Enuresis nocturna) ... 136
Die kindliche Harninkontinenz, die am Tag und/oder in der Nacht auftreten kann ... 137

ANHANG 138
Literaturhinweise 140
Register 142

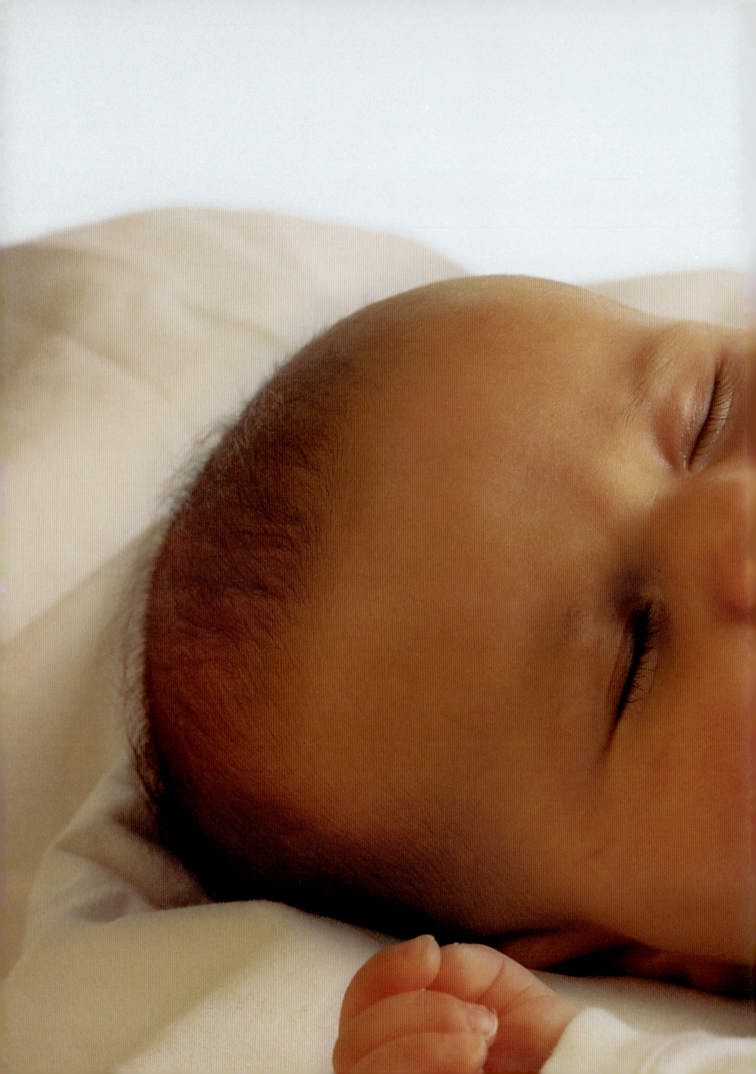

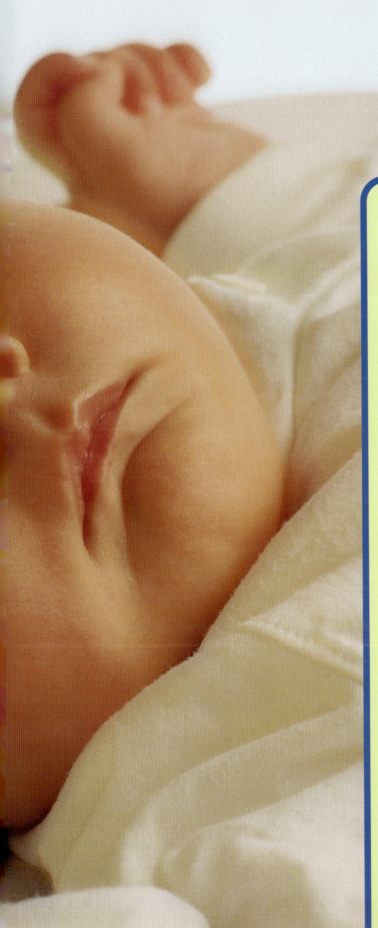

Was Sie wissen müssen

„Ich kann nicht mehr! Schlaf doch endlich, Kind!", oder: „Wir sind mit den Nerven am Ende! Dieses Leben hält doch kein Mensch aus!" Kennen Sie solche Sätze? Könnten sie auch von Ihnen stammen? Verzweifeln Sie nicht. In diesem Buch werden Sie erfahren, dass es für das Schlafproblem Ihres Kindes eine Lösung gibt, dass auch Ihr Kind in wenigen Wochen schlafen lernen kann.

Dieses Buch ist ein Selbsthilfeprogramm für Sie. Sie werden beim Lesen Wissen erwerben, sodass Sie das Problem, unter dem Ihre Familie leidet, richtig verstehen können. Außerdem finden Sie hier eine Anleitung, um das Schlafproblem Ihres Kindes in kurzer Zeit zu lösen.

Nicht „Wer ist schuld?", sondern „Wie löse ich das Problem?" – Wenn Sie sich diese Frage stellen, sind Sie auf dem richtigen Weg.

Grundsätzliches

Ich habe viele Jahre als psychotherapeutisch tätige Ärztin in der Kinderarztpraxis meines Mannes mit kleinen Patienten und deren Familien gearbeitet und werde Ihnen zeigen, dass sich Schlafprobleme in einer relativ kurzen Zeit verringern, meist sogar völlig beseitigen lassen. Um dieses „kleine Wunder" zu bewerkstelligen, brauchen Sie in den allermeisten Fällen weder Medikamente noch die Hilfe eines Facharztes oder Psychologen. Vergessen Sie alle Vorwürfe, die andere Ihnen oder die Sie sich selbst gemacht haben. Ihr Kind schläft schlecht, weil es etwas noch nicht oder nicht richtig gelernt hat, das es aber braucht, um ein guter Schläfer zu werden. Und Sie wollen und werden Ihrem Kind zu einem guten Schlaf verhelfen!

Wenn Sie nun beim weiteren Lesen ein wenig Wissen über den Schlaf und die Voraussetzungen für einen erholsamen, guten Schlaf aufnehmen, werden Sie bald feststellen, dass es Ihnen „wie Schuppen von den Augen fällt":

- Ihr Kind ist weder psychisch auffällig noch krank.

- Sie sind weder unfähige Erzieher noch Rabeneltern.

- Es ist kein unabwendbares Schicksal, einen schlechten Schläfer als Kind zu haben.

Sie werden etwas ändern!

Ich begleite Sie und helfe Ihnen, den richtigen Weg zu finden. Und ich bin sicher, dass Sie das auswählen werden, was zu Ihrer Situation, zu Ihrer Familie passt.

Schlafschwierigkeiten als Familienbelastung

Ein Kinderbuch von Michael Ende und Annegert Fuchshuber mit dem Titel „Das Traumfresserchen" beginnt mit folgenden Worten: „In Schlummerland ist das Wichtigste für alle Leute das Schlafen. Deshalb heißt das Land so. Dabei kommt es ihnen aber nicht so sehr darauf an, wie viel oder wie lange einer schlafen kann, sondern wie gut. Das ist ein Unterschied. Wer gut schlafen kann, so meinen die Schlummerländer, der hat ein freundliches Gemüt und einen klaren Kopf. Und deswegen machen sie

Ausreichender guter Schlaf ist eine Voraussetzung für ein glückliches Leben

Kinder schlafen unterschiedlich gut. Es gibt Naturschläfer, die zu jeder Zeit an jedem Ort, im Hellen wie im Dunkeln und selbst bei Lärm gut schlafen können.

denjenigen, der am besten schlafen kann, zu ihrem König ..."

In diesen wenigen Sätzen erfahren wir, was Menschen sich wünschen, wenn sie ans Schlafen denken. Wir möchten gut schlafen können.

Wer ausgeruht aufwacht, startet voller Kraft in den neuen Tag. Wir wünschen unserer Familie, besonders unseren Kindern, dass sie gut schlafen können, um am Morgen fröhlich zu erwachen und bereit zu sein für die zahlreichen Sinneseindrücke und Aufgaben, die der neue Tag bringen wird.

Als Mutter von drei Kindern habe ich oft erlebt, dass mich meine zweijährige Tochter, die sich mit ihren Brüdern (ein und drei Jahre alt) ein Kinderzimmer teilen musste, am Morgen mit dem Satz rief: „Mami, da sind wir wieder!" Nicht selten hockten dann die beiden Großen im Bettchen des kleinen Bruders, strahlten um die Wette und freuten sich auf den beginnenden Tag.

Damals hatte ich mir noch keine Gedanken über das Erlernen eines guten Schlafrhythmus gemacht. Ich war einfach meiner Intuition und nicht zuletzt der Notwendigkeit gefolgt, meinen Tag mit drei in dichter Folge geborenen Kindern zu meistern, und hatte den Kleinen unbewusst schon früh die Chance gegeben, das Allein-Einschlafen im eigenen Bett zu erlernen.

Es stimmt, dass Kinder unterschiedlich gut schlafen. Manche Eltern haben das Glück, dass ihr Kind von Geburt an hervorragend schläft. Oft müssen diese Eltern ihr Kind sogar zu den Mahlzeiten wecken. Und manchmal bleibt ein solch kleiner Naturschläfer auch in den folgenden Jahren ein ausgezeichneter Schläfer, der an den unterschiedlichsten Orten, im Hellen wie im Dunkeln, selbst bei lauter Musik wunderbar schlafen kann.

„Beneidenswert" werden die Eltern der Kinder denken, die nicht schnell einschlafen, sehr unruhig schlafen und, kaum dass sie eingeschlafen sind, schon

Was Sie wissen müssen

wieder erwachen und nach den Eltern rufen. Haben diese Kinder wirklich einen schlechten Schlaf mit auf die Welt gebracht oder benötigen sie viel weniger Schlaf als andere Kinder ihres Alters? Sind diese Eltern zu bedauern, weil ihnen schlimme Zeiten bevorstehen, da sie an der Situation nichts ändern können? Haben sie bereits nach den wenigen Monaten, in denen sie eine kleine Familie sind, gezeigt, dass sie als Eltern versagen?

Auf diese Fragen will ich im vorliegenden Buch näher eingehen, damit Sie Sätze wie „Schläft dein Kind denn gut? Schläft es denn schon durch?" nicht zu fürchten brauchen. Sie werden erfahren, was Sie tun können, um das Auftreten von Schlafproblemen von vornherein zu vermeiden. Zeigt Ihr Kind aber bezüglich seines Schlafes bereits Verhaltensweisen, unter denen Sie als Eltern leiden, so will ich Ihnen helfen, diese Schlafstörungen richtig einzuordnen. Und ich zeige Ihnen Wege, wie Sie Schlafprobleme erfolgreich abbauen – bei Säuglingen, Kleinkindern, Schulkindern und auch bei Ihren schon Großen.

> **Dieses Buch zeigt Ihnen, wie Sie bei Ihrem Kind ...**
>
> - ... Schlafprobleme von vornherein vermeiden,
> - bei bestehenden Schlafproblemen die Ursachen erkennen und
> - Schlafprobleme beseitigen.

Art und Häufigkeit von Schlafstörungen

Woran denken wir, wenn wir von einem Kind sagen: „Es schläft nicht gut"? Wir meinen damit, dass ein Kind entweder nicht einschlafen kann oder will bzw. dass es zur falschen Zeit schläft, dass es nachts oft aufwacht, schreit und das Erscheinen eines Elternteils fordert. Vater oder Mutter sollen dann die Zustände, die das Kind mit dem Einschlafen verbindet, schnell wiederherstellen. Nur wenn alles so abläuft, wie es

das Kind am Abend zuvor erlebt hat, wird es sich sicher und geborgen fühlen. Es wird aufhören zu schreien und kann wieder einschlafen.

Kann das Kind sein Bett schon allein verlassen, so wird es wahrscheinlich, sobald es nachts aufwacht, ins Schlafzimmer der Eltern kommen und dort den Rest der Nacht verbringen wollen. Ist das Kind schon älter, so wird es vielleicht in seinem Bett oder Zimmer bleiben und lange wach liegen. Am Morgen wird es übellaunig über Müdigkeit klagen, kaum leistungsfähig sein und sich immer mehr vor der Schlaflosigkeit der kommenden Nacht fürchten.

> **Es gibt eine Faustregel, die besagt, wann eine Schlafstörung vorliegt:**
>
> - Eine Schlafstörung liegt vor, wenn das Schlafverhalten des Kindes ihm selbst Probleme bereitet und/oder die übrigen Familienmitglieder darunter leiden.
> - Bei Säuglingen ab einem Alter von etwa sechs Monaten spricht man von einer Schlafstörung, wenn der Schlaf des gesunden Kindes mindestens drei Mal pro Nacht an wenigstens drei Tagen pro Woche über einen längeren Zeitraum hin unterbrochen wird und das Kind ohne fremde Hilfe nicht wieder einschlafen kann.

Schlafstörungen kommen im Kindesalter häufig vor. Darüber sind sich die Wissenschaftler einig, auch wenn die angegebenen Zahlen zum Vorkommen von Schlafstörungen ein wenig voneinander abweichen. Etwa 20 % aller Kinder haben Schlafprobleme, die über eine längere Zeit bestehen (Steinhausen, 1993). Und das ist viel! Sie mögen vielleicht gar nicht glauben, dass jedes fünfte Kind Schlafprobleme zeigt, weil Sie meinen, dass die Kinder Ihrer Freunde und Bekannten alle wunderbar schlafen. Sie haben vielleicht Hemmungen, anderen gegenüber zuzugeben, welche Strapazen Sie auf sich nehmen, um Ihr

Wer nachts länger wach liegt, wird morgens noch müde sein.

Kind zum Schlafen zu bringen. Sie wollen sich und Ihr Kind nicht bloßstellen, wollen nicht darüber reden, dass Ihr kleiner Schatz viele Male in jeder Nacht seine Eltern aus dem Schlaf holt. Und weil betroffene Eltern oft lieber lächeln und schnell das Thema wechseln, erfahren Sie nicht, dass Ihr Gegenüber ein Leidensgenosse ist.

Die Häufigkeit von Schlafstörungen hängt vom Alter ab. Untersuchungen aus Europa und den USA ergaben folgende Zahlen:

- 25 % der noch gestillten Säuglinge im Alter von sechs bis zwölf Monaten,

- 50 % der nicht mehr gestillten Säuglinge im Alter von sechs bis zwölf Monaten und etwa

- 20 % der Ein- bis Zweijährigen

wachen mehrmals pro Nacht auf, schreien und benötigen die Hilfe eines Elternteils, um wieder einschlafen zu können (Kahn, 2001).

Der große Unterschied bei den gestillten und nicht mehr gestillten Kindern ist in diesen Untersuchungen deutlich und könnte u. a. folgende Ursachen haben: Gestillte Säuglinge haben weniger Verdauungsprobleme, da sie mit der Muttermilch eine optimale Nahrung erhalten. Sie haben weniger Infekte und leiden seltener unter Hauterkrankungen mit Juckreiz und Unruhe (atopische Dermatitis). Der innige Kontakt zur Mutter beim Stillen wirkt beruhigend auf das Kind. Eine stillende Mutter nimmt bereits das Quengeln des erwachenden Kindes wahr und gibt ihm die Brust. Wenn das Baby nahe bei Mutters Bett oder auch in Mutters Bett schläft, wird diese Mutter sich weniger beeinträchtigt fühlen als eine Mutter, die aufstehen muss, um ein Fläschchen aufzuwärmen und das Kind zu füttern oder, wenn es nachts keine Nahrung fordert, es zu wiegen und in den Schlaf zu singen. So wird die stillende Mutter seltener die Frage nach Schlafproblemen des Kindes bejahen, obwohl ihr Kind ähnlich oft wie das gleichaltrige Flaschenkind nachts aufwacht und seine Eltern braucht.

40 bis 50% der Vierjährigen schlafen schlecht ein oder wachen nachts auf und stören die Eltern. 14% der Sieben- bis Elfjährigen leiden unter Schlaflosigkeit und 4% von ihnen nehmen regelmäßig Schlafmittel ein.

Diese Zahl ist erschreckend und drückt die Hilflosigkeit der Eltern und leider oft auch der Ärzte gegenüber einem ernst zu nehmenden, aber durchaus lösbaren Problem aus.

Andere Studien geben folgende Werte an:

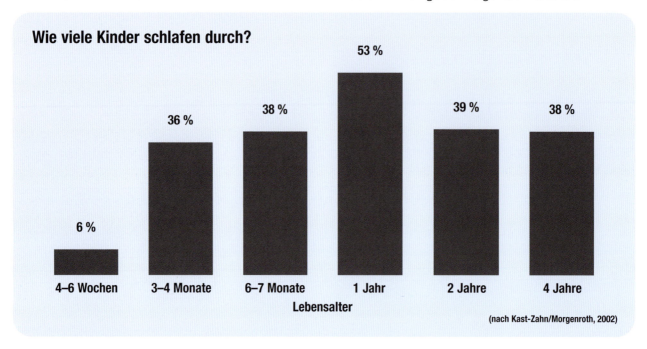

(nach Kast-Zahn/Morgenroth, 2002)

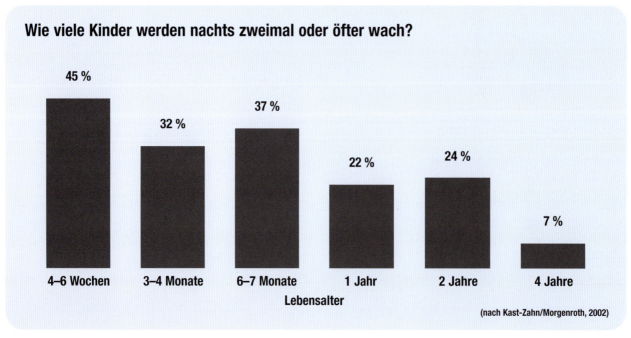

(nach Kast-Zahn/Morgenroth, 2002)

14 Was Sie wissen müssen

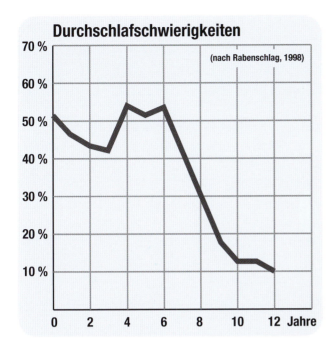

Manchmal treten Schlafstörungen nur vorübergehend als Reaktion auf eine akute Belastung in der Familie oder bei Krankheit des Kindes auf. Wer diese einmal erlebt hat, der mag ahnen, wie sehr das Familienleben auf den Kopf gestellt werden kann, wie bitter Eltern leiden, wenn ihr Kind über einen längeren Zeitraum Schlafprobleme hat.

Sehen wir uns nun einmal die Schlafstörungen genauer an, die in den Familien so viel Sorgen, Frustration und Ärger, immer aber auch Hilflosigkeit und Erschöpfung bereiten.

Schlafstörungen im Säuglingsalter

Ein neugeborenes Kind schläft insgesamt sehr viele Stunden nahezu gleichmäßig über Tag und Nacht verteilt. Jeweils nach einigen Stunden unterbricht das Kind seinen Schlaf für eine kürzere Zeit. Jede Mutter weiß, dass der junge Säugling wenige Stunden nach

In diesem jungen Alter braucht ein Baby besser auch nachts noch eine Mahlzeit.

dem Füttern bereits wieder Nahrung braucht. In den ersten Monaten nach der Entbindung auch nachts zu stillen oder die Flasche zu geben oder auch ein krankes, unruhiges Kind zu trösten und im Bett der Eltern schlafen zu lassen, wird wohl in kaum einer Familie ein großes Problem sein.

Anders sieht es aus, wenn das wenigstens vier bis sechs Monate alte Kind folgende Verhaltensweisen regelmäßig zeigt:

Das Kind braucht zu jedem Einschlafen die Hilfe einer Bezugsperson. Und das sieht dann beispielsweise so aus:

- Es schläft nur auf dem Arm der Mutter ein. Oft benötigt das Kind das genüssliche Nuckeln an der Brust, um einnicken zu können. Es öffnet sofort wieder die Augen, wenn die Mutter sich bewegt. Erst nach einer langen Zeit, wenn es tief schläft, kann die Mutter das Kind in sein Bettchen legen, ohne dass es sofort wieder wach wird.

- Das Baby fordert, dass es zum Einschlafen von einem Elternteil lange herumgetragen wird. Eltern erleben oft, dass das Herumtragen allein nicht genügt. Das Kind will dabei entweder rhythmisch geschaukelt werden, möchte das Singen oder Summen von Vater oder Mutter hören oder ist erst zufrieden, wenn der Elternteil ihm den Rücken sanft klopft oder über das Köpfchen streicht.

- Andere Kinder greifen in die langen Haare der Mutter und ziehen sie über ihr Gesichtchen. Sie mögen nur im hellen Zimmer einschlafen, fordern aber die Dämpfung des Lichtes durch Mutters Haar und genießen beim Einschlafen Mutters Duft.

- Wieder andere Babys schlafen nur auf der Brust eines im Schaukelstuhl sitzenden Elternteils ein und können erst nach mehr als 30 Minuten in ihr Bett gelegt werden, ohne dass sie erwachen, schreien und das Spiel von vorne beginnen lassen.

Das Schlafproblem dieser Kinder liegt darin, dass sie nicht gelernt haben, allein einzuschlafen. In diesem Buch werde ich Ihnen zeigen, wie Sie Ihrem Kind helfen können, das Einschlafen ohne besondere Hilfe der Eltern zu lernen.

Schlafstörungen können aber auch dadurch hervorgerufen werden, dass der Tagesablauf eines Kindes sehr unregelmäßig oder zwar regelmäßig, aber unangemessen ist (siehe Seite 19 ff.). Was verstehen wir darunter?

Bei einem guten Schläfer können wir Folgendes beobachten: Schlaf und Wachzustand wechseln in

Manche Babys schlafen nur ein, wenn sie von einem Elternteil herumgetragen werden.

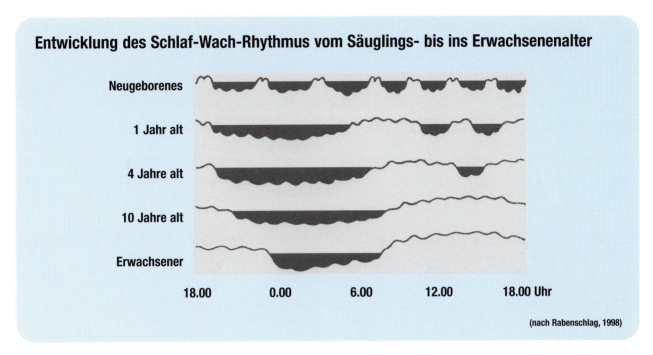
Entwicklung des Schlaf-Wach-Rhythmus vom Säuglings- bis ins Erwachsenenalter

(nach Rabenschlag, 1998)

einem Rhythmus ab. Beim ganz jungen Säugling sehen wir in den ersten Wochen eine über den Tag und die Nacht hin ziemlich gleichmäßige Verteilung der längeren Schlaf- und kurzen Wachabschnitte. Dies verändert sich jedoch bald.

Das Kind lernt in seinen ersten Lebensmonaten, am Tag zunehmend längere Zeitabschnitte wach zu bleiben und nachts viele Stunden hintereinander zu schlafen. Nach einem kurzen nächtlichen Erwachen schläft es schnell wieder ein. Wir sagen dazu: Das Kind entwickelt einen Tag-Nacht-Rhythmus. Damit meinen wir, dass die Anzahl der Schlafphasen abnimmt und ihre jeweilige Dauer sich verändert. Die nächtliche Schlafphase wird bald viele Stunden betragen. In einer solchen Nachtschlafphase taucht das Kind zwar immer wieder einmal aus dem Schlaf auf, aber es wird sehr schnell wieder ohne die Hilfe der Eltern einschlafen, wenn es merkt, dass in seiner Umgebung „alles in Ordnung" ist. Während des Tages folgen den Schlafphasen immer länger werdende Wachperioden, in denen das Kind seine Welt erforscht, Eindrücke und Erfahrungen sammelt und diese verarbeitet.

Wir wissen, dass viele Abläufe in unserem Körper tagesrhythmischen Schwankungen unterworfen sind. Beispielsweise verändert sich unsere Körpertemperatur im Ablauf von 24 Stunden. Abends sinkt sie etwas ab, wir werden müde, und morgens steigt sie wieder an, sodass wir wach werden.

Auch andere Abläufe in unserem Körper zeigen einen Biorhythmus: z. B. Pulsschlag, Blutdruck, Atmung, Hormonausschüttungen (Beispiel: Nachts produzieren wir weniger Urin, weil der nachts erhöhte Spiegel des antidiuretischen Hormons für eine vermehrte Wasserrückresorption sorgt. So brauchen wir nachts meist gar nicht oder nur selten zur Toilette zu gehen.).

Wir können uns nur wohl fühlen, wenn diese Rhythmen gut aufeinander abgestimmt sind.

Es hat sich gezeigt, dass wir zwar ganz natürlich zu Beginn unseres Lebens diese für unser Wohlbefinden notwendigen Zyklen entwickeln. Allerdings beträgt die uns von der Natur mitgegebene Dauer des Schlafzyklus 25 und nicht 24 Stunden. Da unser Tag-Nacht-Rhythmus aber ein 24-stündiger Rhythmus ist, müssen wir durch Orientierungspunkte wie gleichbleibende Essenszeiten, Bettgeh- und Aufwachzeiten unsere Zyklen immer wieder neu einstellen.

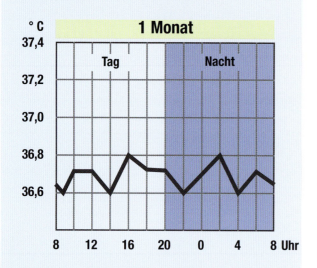

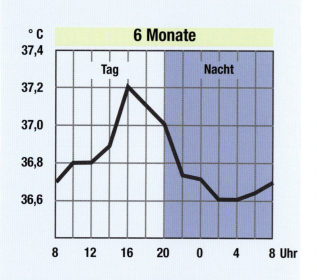

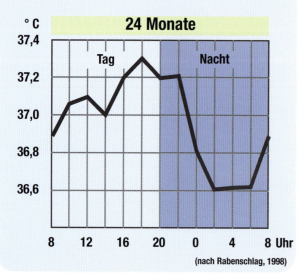

(nach Rabenschlag, 1998)

Jeder kennt das Gefühl, wenn der gewohnte Schlafrhythmus durcheinander geraten ist. Man fühlt sich wie im Jetlag.

Sicher haben Sie schon einmal bemerkt, dass sich im Urlaub Ihr Schlaf-Wach-Rhythmus verschoben hat, wenn die im Alltag notwendigen Zeitgeber weggefallen sind. Sie sind immer später zu Bett gegangen und auch immer später am Morgen aufgewacht. Nach dem Urlaub haben Sie ein paar harte Tage durchleben müssen, bis Ihr Körper sich wieder an die frühe Aufstehzeit gewöhnt hatte.

Wie sehr wir leiden, wenn unsere Körperrhythmen durcheinander geraten, haben Sie vielleicht schon erlebt, wenn Sie in wechselnden Schichten gearbeitet haben oder durch verschiedene Zeitzonen geflogen sind und an Ihrem Ziel unter dem Zeitverschiebungssyndrom, das wir mit dem Wort „Jetlag" bezeichnen, gelitten haben. Sie sind am hellen Tag angekommen und fühlten sich gar nicht wach und mochten auch nicht essen. Oder Sie landeten in der Nacht und konnten nicht schlafen, weil es in Ihrer Heimat zu diesem Zeitpunkt Tag war und Ihr Körper auf Wachsein eingestellt war.

Kehren wir nun aber zu den Kindern zurück, die in den ersten Lebensmonaten die in ihrem Erbgut angelegten biologischen Rhythmen entwickeln und diese gut aufeinander abstimmen sollen. Es muss ein Lernprozess ablaufen, damit die biologischen Rhythmen, die das Kind entwickelt, allmählich mit denen seiner Eltern übereinstimmen. Wie alle Lernprozesse wird auch die Entwicklung des Schlaf-Wach-Rhythmus durch Regelmäßigkeit gefördert. Ein regelmäßiger Tagesablauf gibt dem Kind Orientierungspunkte. Erwacht das Kind am Tag, ist seine Umgebung munter, ihm zugewandt. Es wird unterhalten und zum Spiel aufgefordert. Erwacht das Kind in der Nacht, ist seine Umgebung ruhig, ohne Anregung und Aktivität. So lernt es, dass Weiterschlafen erwartet wird.

Wenn es nun aber in einer Familie keine festen Zeitgeber wie täglich gleich bleibende Essens-, Spiel- und Schlafzeiten gibt, so wird der zunächst angelegte Rhythmus durcheinander geraten. Kinder solcher Familien wissen nicht, wann sie schlafen und wann sie wach sein sollen. Sie schlafen am Tag, wenn sie müde sind, viele Stunden hintereinander und können dann zu normalen Schlafzeiten nicht schlafen, weil sie noch gar nicht müde sind.

Wie sehr verschobene Schlafzeiten, die auf den unangemessenen Tagesrhythmus eines Kindes zurückzuführen sind, den nächtlichen Schlaf der Eltern verringern können, zeigt das folgende Fallbeispiel.

Fallbeispiel Tim und Tom

Tim und Tom waren fünfzehn Monate alte prächtige Zwillinge. Die Mutter hatte zur Zeit der Geburt der Kinder ihre Ausbildung noch nicht abgeschlossen. Es war aus verschiedenen Gründen weder möglich eine Tagesmutter noch einen Hort für Säuglinge zu finden. Also blieb die Mutter zu Hause, um die Söhne zu betreuen. Da sie ihre Diplomarbeit schreiben und sich auf das Examen vorbereiten wollte, nutzte sie jede Minute des Tages, in der die Kinder schliefen, um zu lesen und zu lernen. Die Kinder taten ihr den Gefallen und schliefen am Tag immer häufiger bei herabgelassenen Rollläden viele Stunden hintereinander. Kam der Vater am späten Nachmittag heim, waren die Kinder gerade aufgewacht und die Eltern beschäftigten sich dann liebevoll mit den Kleinen. Etwa um 20.00 Uhr nahm die Familie eine warme Mahlzeit ein und gegen 21.00 Uhr legten die Eltern die Zwillinge ins Bett.

Das Einschlafen war unproblematisch, doch wachten die Jungen meist noch vor 24.00 Uhr wieder auf, wirkten sehr munter und wollten spielen. Nacht für Nacht hörten die Bewohner der unteren Etage seltsame Geräusche und fröhliches Jauchzen der Kinder. Auf ihre Nachfrage erfuhren sie, dass die Eltern in jeder Nacht ihre Sprösslinge auf ihren Rücken reiten ließen und selber auf allen Vieren durch die Wohnung krabbelten. „Pferd und Reiter" zu spielen war das Größte für Tim und Tom. Sie spielten es gern zwei bis drei Stunden in der Nacht. Dann tranken sie etwas und ließen sich ins Bett bringen. Meist waren sie aber gegen 5.00 Uhr wieder wach, und die Eltern hatten Mühe, ihre Kleinen einigermaßen ruhig zu halten, um die Nachbarn nicht zu früh zu stören.

Es fällt auf, dass die Kinder zwar einen regelmäßigen Tagesablauf erleben und einen normalen Schlaf-Wach-Rhythmus haben, dass dieser aber zeitlich verschoben ist. Die Nachtschlafphase von Tim und Tom beginnt am Vormittag und endet gegen 16.00 Uhr. Die Schlafzeiten vor Mitternacht und in den frühen Morgenstunden entsprechen zwei Tagesschläfchen, deren Dauer eher lang als kurz ist. Trotz der ausreichenden Gesamtschlafdauer verursachen die Kinder mit ihren ungünstig verteilten Schlafzeiten bei ihren Eltern ein großes Schlafdefizit.

Die Lösung eines solchen Problems besteht einfach darin, dass die Schlafzeiten verschoben werden müssen. (Eine ausführliche Anleitung dazu siehe Seite 98 ff.)

Andere Kinder werden nach einem regelmäßigen Tagesablauf mit einem Mittagsschläfchen so früh am Abend zum Nachtschlaf hingelegt, dass sie am Morgen sehr früh erwachen. Ihre Eltern beklagen sich über den kleinen Frühaufsteher und übersehen, dass das so früh zum Nachtschlaf veranlasste Kind morgens sehr früh ausgeschlafen hat.

Nicht nur am Abend und in der Nacht, sondern auch am Tag kann das Nicht-schlafen-Können eines jungen Säuglings zur argen Belastung für die Eltern werden. Ich denke hierbei an die Schrei-Babys, die Kinder mit den so genannten Drei-Monats-Koliken, die meist von den späten Nachmittags- bis Abendstunden mehrere Stunden fast ununterbrochen schreien und durch nichts zu beruhigen sind. Auf dieses häufige Problem werde ich in einem separaten Kapitel später eingehen (siehe Seite 46).

Schlafstörungen im Kleinkindalter

Im Kleinkindalter können sich die Schlafstörungen, die auf das Erlernen von ungünstigen Einschlafgewohnheiten in der Säuglingszeit zurückzuführen sind, fortsetzen.

Es ist aber auch möglich, dass ein Kind in seinem ersten Lebensjahr ein guter Schläfer war und erst

Herrliches Toben! Wer denkt da an Schlaf?

nach einer Veränderung im Tagesablauf oder bei Eintritt einer Belastungssituation in der Familie oder seit einer Erkrankung Einschlafprobleme zeigt.

Wildes Toben am Abend, wenn der geliebte Vater endlich da ist, kann ein eigentlich müdes Kind wieder so munter machen, dass es nicht einschlafen kann, wenn es nach einer solch herrlichen Spielzeit ins Bett geschickt wird.

In anderen Familien wird das Kind nach einem liebevollen, ruhigen Abendritual ins Bett gebracht. Nun wollen die Eltern ihren wohlverdienten Feierabend genießen. Aber Irrtum! Zwar bleibt das Kind anfangs allein in seinem Bett, findet aber nicht in seinen Schlaf. Nach einiger Zeit wird es im Wohnzimmer erscheinen und erklären: „Ich kann nicht einschlafen." Wie der weitere Abend in einer solchen Familie abläuft, hängt von dem Erziehungsstil der Eltern ab. Teils schließt sich ein langer „Kampf" zwischen Eltern und Kind an, der nicht selten in einem Streit zwischen Vater und Mutter um konsequentes Erziehungsverhalten endet. Teils wollen die Eltern endlich ihre Ruhe haben und lassen das Kind gewähren, bis es spätabends auf der Couch oder dem Teppich oder gar vor dem Fernseher einschläft.

Welche Ursachen führen zu diesem Verhalten? Es mag sein, dass das Kind ein zu langes oder zu spätes Tagesschläfchen gemacht hat oder den Schlaf am Tag gar nicht mehr gebraucht hätte und damit am Abend einfach nicht richtig müde ist.

Aber auch Trennungsängste oder Ängste verschiedenster Art kommen als Schlafverhinderer in Frage.

Böse Träume sind oft die Ursache dafür, dass die Kinder, die abends problemlos eingeschlafen sind, nachts ins Bett der Eltern kommen.

Schlafwandeln, Um-sich-Schlagen und Nachtschreck sowie Alpträume sind Ereignisse im Schlaf eines Kindes, die die Eltern in ihrem Schlaf stören und immer sehr beunruhigen. Diese Auffälligkeiten werden in einem eigenen Kapitel (siehe Seite 127) besprochen, da sie andere Ursachen haben als die bisher genannten Einschlaf- und Durchschlafstörungen.

Kurzum, es gibt viele Schlafgewohnheiten von Kindern, die für die Eltern eine große Belastung darstellen können. Denn wenn die Kinder in der Nacht aufwachen – was, wie Sie etwas später lesen, ganz normal ist –, werden sie die Hilfe ihrer Eltern benötigen, um einschlafen zu können – und das wiederum ist nicht normal! Für die Eltern bedeutet das, oft mehrmals nachts geweckt zu werden. Ein Elternteil muss aufstehen, um all jene Dinge zu tun, die am Abend nötig waren, damit das Kind einschlafen konnte.

Auch wenn Sie Ihr Kind noch so lieben, werden Sie nach einigen Wochen frustriert und vielleicht etwas wütend sein, denn der so häufig gestörte eigene Schlaf ist die Ursache für Ihre Erschöpfung. Sie fühlen, wie Ihre Fröhlichkeit und Ausgeglichenheit schwinden, wie Sie bereits am Morgen nicht wissen, wo Sie die Kraft finden sollen, um den gerade begonnenen Tag durchzustehen.

Schlafstörungen im Schulalter

Eltern von Schulkindern klagen seltener über Schlafstörungen des Kindes als Eltern kleiner Kinder. Die Häufigkeit von Schlafstörungen nimmt in dieser Altersstufe ab. Aber es sind immer noch zu viele Kinder, die sich mit Schlafproblemen herumschlagen. Ich habe fast den Eindruck, dass wir eine Zunahme des Schlecht-schlafen-Könnens verzeichnen, die etwas mit der Bewegungsarmut vieler Kinder und der abnehmenden Geborgenheit in den sich lockernden Familienstrukturen zu tun haben könnte.

Beim Schulkind stehen die Einschlafstörungen im Vordergrund. Durchschlafstörungen werden seltener. Fragt man diese Kinder, was sie wohl für den Grund ihres Nicht-schlafen-Könnens halten, so werden sie berichten, dass ihnen zu viele Gedanken durch den Kopf gehen. Meist erzählen sie nur

Und morgen nimmt Max mich wieder in den Schwitzkasten ...

ungern, dass es die Ereignisse und Erlebnisse des abgelaufenen Tages sind, die sie bedrücken. Oder sie fürchten sich vor dem kommenden Tag und finden keine Ruhe.

Im praktischen Teil dieses Buches, in dem ich Ihnen zeige, wie Sie das Problem Ihres Kindes erkennen, verstehen und lösen können, gehe ich näher auf die möglichen Sorgen des schlafgestörten älteren Kindes ein.

Es gibt manchmal aber auch einen ganz einfachen Grund für das allabendliche Wachliegen eines Kindes. Manche Eltern wissen nicht, dass sie den Schlafbedarf ihres Schulkindes falsch einschätzen. Sie schicken ihr Kind deutlich zu früh ins Bett, und das Kind, das noch nicht ausreichend müde ist, kann nicht einschlafen.

Bei älteren Kindern und Jugendlichen werden sich die Eltern meist durch die Schlafprobleme ihres Kindes nicht mehr so arg beeinträchtigt fühlen. Das heißt aber nicht, dass ihnen das Schlafverhalten des Heranwachsenden keine Sorgen bereitet. Deshalb erscheint es mir wichtig, auch auf die Schlafprobleme dieser Altersstufe einzugehen. Die Eltern werden lernen, dass sie nicht mehr wie beim Kleinkind durch eigene Verhaltensänderungen das Schlafverhalten des Kindes positiv beeinflussen können. Sie sollen aber erfahren, wie Sie Ihrem/Ihrer Großen helfen können, seine/ihre Schlafprobleme wahrzunehmen, zu verringern oder sogar zu beseitigen.

Was ist Schlaf überhaupt?

Jeder von uns weiß, dass wir uns schlapp, ja richtig elend fühlen, wenn wir nicht schlafen. Wir brauchen den Schlaf, damit sich Körper und Geist erholen können. Nur mit einem ausreichenden und guten Schlaf bleiben wir leistungsfähig.

Noch zu Beginn des 20. Jahrhunderts glaubte man, Schlaf sei ein während seiner gesamten Dauer völlig gleich bleibender Zustand, der sich nur vom Wachsein unterscheide. Es war bekannt, dass der Wechsel von Wachsein und Schlafen als ein Grundbedürfnis des Menschen regelmäßig abläuft. In etwa entspricht dieser Wechsel dem Tag-Nacht-Rhythmus. Man nennt einen solchen Rhythmus einen zirkadianen Rhythmus (zirka = ungefähr, dian = dem Tag entsprechend).

Heute wissen wir, dass im Schlaf unterschiedliche Phasen mit teils verschiedenen Stadien der Schlaftiefe auftreten. Beobachtungen an schlafenden Menschen und wissenschaftliche Untersuchungen im Schlaflabor mittels Geräten, die die Aktivität des Gehirns des schlafenden Menschen aufzeichnen (EEG), brachten neue Erkenntnisse:

Auch ganz junge Babys können träumen.

Die Schlafphasen

Schlafforscher beobachteten, dass es während des Schlafens Zeiten gibt, in denen sich die Augen unter den Lidern rasch bewegen, und andere Zeiten, in denen sich keine Augenbewegungen nachweisen lassen. Bis heute werden diese unterschiedlichen Schlafabschnitte als REM-Schlaf, d. h. Schlaf mit raschen Augenbewegungen (REM = Rapid Eye Movements) und als Non-REM-Schlaf, d. h. Schlaf ohne rasche Augenbewegungen, unterschieden.

Der Non-REM-Schlaf entspricht dem, was wir uns allgemein unter ruhigem, erholsamem Schlaf vorstellen. Der Schlafende liegt ruhig da, hat einen regelmäßigen Herzrhythmus, sein Atem geht ruhig. Durch Hirnstrom-Ableitungen (EEG) lassen sich beim Menschen, dessen Schlaf-Wach-Rhythmus ausgereift ist, vier unterschiedliche Stadien des Non-REM-Schlafes nachweisen. Von Stadium I bis IV nimmt die Tiefe des Schlafes zu, der Mensch ist im Stadium III und besonders in IV nur sehr schwer erweckbar. Träume kommen in diesen Schlafstadien in der Regel nicht vor. Deshalb sprechen wir beim Non-REM-Schlaf auch vom Tiefschlaf.

Im REM-Schlaf werden Atmung und Herzschlag unregelmäßiger, der Sauerstoffverbrauch steigt, das Gehirn wird aktiver. Es sind aber weniger die Reize aus der Umwelt als vielmehr die Reize aus dem Inneren des Körpers, auf die das Gehirn reagiert. Dies ist die Phase, in der der Schlafende träumt. Obwohl in dieser Schlafphase häufig rasche Augenbewegungen zu beobachten sind, ist die Spannung der meisten übrigen Muskeln herabgesetzt. Körper und Geist arbeiten in diesem Stadium nicht zusammen. Die von dem Gehirn an die Muskeln abgeschickten Signale werden von diesen nicht verarbeitet. Das ist äußerst sinnvoll, da dadurch verhindert wird, dass man die geträumten Handlungen ausführen kann. Nur hin und wieder gehen einzelne kleine Impulse vom Gehirn an den Körper weiter. In solchen Momenten können Sie dann beispielsweise das Zucken eines Ärmchens oder ein Lächeln im Gesicht Ihres Kindes beobachten. Weil der REM-Schlaf die Phase intensiver Traumaktivität ist, wird er als Traumschlaf bezeichnet.

Schon während der Schwangerschaft lassen sich beim Fötus Schlafphasen nachweisen. Zuerst entsteht die REM-Phase. Sie wird aktiver Schlaf genannt, weil sie sich von der REM-Schlafphase, die wir nach der Geburt beobachten können, ein wenig unterscheidet. Das Ungeborene kann sich in der REM-Phase durchaus bewegen. Bei ihm werden die vom Gehirn zu den Muskeln ausgesandten Impulse weniger gebremst als beim älteren Säugling, Kind und Erwachsenen. Und das ist sinnvoll! Das Ungeborene „trainiert" für die Zeit nach der Geburt. Sie werden in der zweiten Hälfte der Schwangerschaft die lebhaften Bewegungen Ihres Kindes gespürt haben!

Im siebten bis achten Schwangerschaftsmonat erscheint auch die Non-REM-Phase, der ruhige Schlaf. Aber es überwiegt bis zur Geburt deutlich die REM-Schlafphase mit 80 Prozent. Erinnern Sie sich noch? Ihr Kleines hat oft in Ihrem Bauch geturnt!

Neugeborene Kinder verbringen 50 % ihres Schlafes in der REM-Phase und 50 % in der Non-REM-Phase. Beim heranwachsenden Kind nimmt der Traumschlaf ab und der Tiefschlaf zu. Ein Erwachsener verbringt nur noch etwa 25 % des Schlafes in der Traumschlafphase.

Beim ganz jungen Kind unterscheidet sich die Phase des Non-REM-Schlafes, also die des ruhigen Schlafes wegen der noch nicht abgeschlossenen Reife des Schlaf-Wach-Rhythmus, vom Tiefschlaf des älteren Kindes. Das Hirnstrombild ist ungleichmäßiger und der Non-REM-Schlaf ist noch nicht in seine vier unterschiedlichen Phasen aufgeteilt. Der ganz tiefe Schlaf, den wir bei älteren Kindern bemerken, fehlt noch (Ferber, 1994).

Während der ersten Lebensmonate reift der Schlaf-Wach-Rhythmus. Ob ein Kind mit zwei, vier oder sechs Monaten nachts viele Stunden hintereinander schläft oder noch gar nicht durchschlafen kann, hängt überwiegend vom Reifungsprozess und weniger von Ihrem Erziehungsverhalten ab (Steinhausen, 1993), eine Mitteilung, die hoffentlich schon ein wenig entlastet!

Es bedeutet aber nicht, dass Sie vielleicht Pech haben und sich noch eine längere Zeit mit einer gestörten Nachtruhe abfinden müssen, da Ihr Kind offenbar ein Spätentwickler der Ausbildung des Schlaf-Wach-Rhythmus ist. Nein, Sie sollen wissen, dass Sie den Reifungsprozess fördern können. Wie Sie Ihrem Kind bei diesem Entwicklungsschritt helfen können, erfahren Sie auf Seite 40 ff.

Die Entwicklung eines Tag-Nacht-Rhythmus in den ersten Lebensmonaten

Das neugeborene Kind schläft innerhalb von 24 Stunden etwa 17 Stunden, hin und wieder auch bis zu 20 Stunden und nimmt den Unterschied zwischen Tag und Nacht nicht wahr. Sein Schlafen wird häufig (beim ausgetragenen Kind sechs- bis achtmal) von dem Verlangen nach Nahrung unterbrochen, d. h. es wacht auf. Wird es gestillt oder erhält es ein Fläschchen, so schläft es oft schon während der Nahrungsaufnahme wieder ein.

Es ist aber auch möglich, dass das Kind in seinen ersten Lebenstagen sehr unruhig schläft und relativ viel schreit. Dies ist nicht unbedingt ein Vorzeichen dafür, dass Ihr Kind ein schlechter Schläfer ist. Wenn Ihnen die Kinderschwester bei der Entlassung aus der Entbindungsstation vielleicht sogar Ihren kleinen Schatz mit den Worten: „Ihr Kind schläft so gut wie gar nicht. Da können Sie sich auf was gefasst machen!" übergeben hat, dann lassen Sie sich bitte davon nicht verunsichern. Vertrauen Sie darauf, dass auch Ihr gesundes Kind die Anlage zur Entwicklung eines guten Tag-Nacht-Rhythmus in sich trägt, und Sie werden ihm helfen, diesen zu erlangen. Das Schlafverhalten Ihres Kindes kann zu Hause übrigens ganz anders sein als in der Klinik.

Selbst wenn zu Hause auch Probleme auftreten, liegt es nicht an Ihrer Unfähigkeit als Mutter, sondern der Reizschutz Ihres Kindes ist noch unzureichend ausgeprägt (siehe Seite 78), und Ihr Kind braucht noch ein wenig Zeit, um seinen Schlafrhythmus zu finden und diesen dann auch mit dem Tag-Nacht-Rhythmus in Einklang zu bringen. Im praktischen Teil des Buches werde ich Ihnen anhand von Fallbeispielen zeigen, wie Sie Ihrem Kind helfen können, einen guten Schlafrhythmus zu entwickeln.

Wenn Ihr Kind etwa drei Monate alt ist, wird sich der Tag-Nacht-Rhythmus immer deutlicher zeigen.

Der Schlafzyklus – Wechsel von Traumschlaf zu Tiefschlaf

Unser Schlaf verläuft, wie Sie bereits gelesen haben, nicht über viele Stunden gleichförmig, sondern zeigt ein Muster, das sich aus verschiedenen Schlafphasen (REM-Phase, Non-REM-Phase mit den Stufen I bis IV) zusammensetzt. Eine solche Folge von Schlafphasen nennt man einen Schlafzyklus. Während eines längeren Schlafes werden mehrere Schlafzyklen durchlaufen.

> **Der Schlafzyklus**
>
> Ein Schlafzyklus ist die Zeit zwischen zwei Wiederholungen der gleichen Schlafphase.

Ein Schlafzyklus dauert beim voll ausgetragenen Baby fünfzig Minuten. Im Laufe der Reifung und der Ausbildung der Stadien III und IV der Non-REM-Phase, die das Neugeborene noch nicht aufweist, verlängert sich der Schlafzyklus bis zum Jugendalter auf etwa neunzig Minuten (Ferber, 1994).

Wenn nun Ihr Kind mit etwa sechs Monaten über einen ziemlich ausgereiften Schlaf-Wach-Rhythmus verfügt, kann es nachts etwa zehn Stunden schlafen und tags viele Stunden hintereinander wach sein.

Zwei oder drei kürzere Tagesschläfchen wird es machen, um sich nach den Spiel- und Erzählphasen und den Mahlzeiten auszuruhen.

„Schön wär's!", höre ich Sie da sagen, „wir wären ja schon froh, wenn unser Kind fünf oder sechs Stunden in der Nacht hintereinander schlafen würde!".

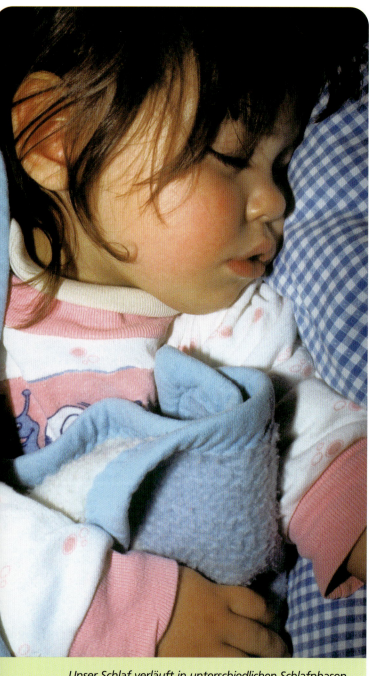

Unser Schlaf verläuft in unterschiedlichen Schlafphasen. Im Tiefschlaf findet keine Augenbewegung statt.

Um Ihnen zu erklären, warum Ihr Kind das nicht tut, sollten wir erst einmal den Schlaf eines ausgezeichneten kleinen Schläfers betrachten. Danach wollen wir überlegen, was bei Ihrem Kind anders verläuft. Und schon werden Sie erkennen, was sich ändern muss – und das ist gar nicht so viel –, damit auch Ihr Kind ein guter Schläfer wird.

Das normale Schlafmuster

Der ganz junge Säugling fällt zu Beginn des Schlafes in die REM-Phase. Wenn wir ein solches Kind beobachten, sehen wir, dass es nicht sehr tief schläft. Es bewegt sich immer mal wieder, öffnet vielleicht sogar kurz die Augen oder macht Saugbewegungen. Jede Mutter wird sich in der Nähe dieses Kindes sehr leise verhalten. Sie schleicht sich aus dem Zimmer, damit das Kleine nicht geweckt wird.

Ist das Kind etwa drei Monate alt, lässt sich nachweisen, dass es seinen Schlaf mit einer Non-REM-Phase beginnt. Es wird aber vorerst über eine Dämmerphase nur in die Tiefschlafphasen I und II gleiten, da die Phasen III und IV erst einige Wochen später angelegt werden.

Was bedeutet das nun? Ein Kind dieser Altersstufe schläft zwar ein, aber es ist relativ leicht zu wecken. Ein Geräusch oder eine Lageveränderung oder leichte Berührung können das Kind wecken. Das erscheint Ihnen sehr bekannt, nicht wahr? Denn wie oft ist Ihr Kind an der Brust eingeschlafen oder Sie haben es in den Schlaf gesungen oder gewiegt. Wenn Sie glaubten, es schlafe, versuchten Sie, es in sein Bettchen zu legen. Doch sofort war es wach. Es suchte wieder nach der Brust oder verlangte, dass Sie erneut singen oder es wiegen.

Und was sage ich dazu? Wenn Sie nicht schon sehr früh dazu übergegangen sind, Ihr Kind nach dem Trinken noch wach in sein Bettchen zu legen und dort ohne Ihre Hilfe einschlafen zu lassen, dann ist in diesem jungen Alter das gerade beschriebene Verhalten des Kindes völlig normal. Genießen Sie ruhig

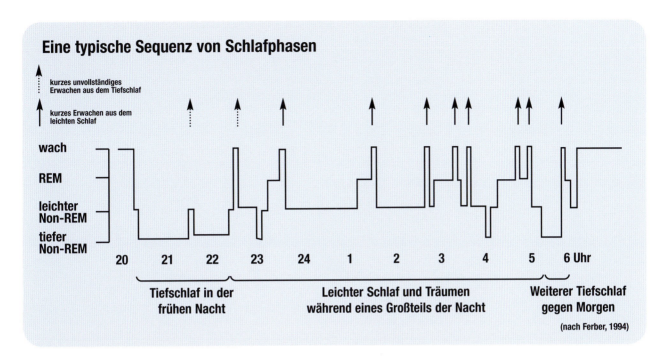

diese Wochen der Nähe. Etwas später sollten Sie aber Ihrem Kind zeigen, dass es auch allein in seinem Bett einschlafen kann.

Hat das Kind im Alter von ungefähr sechs Monaten ausgereifte Non-REM-Phasen entwickelt, so wird es im Idealfall in etwa zehn Minuten über eine Dämmerphase und die Stufen der Non-REM-Phase in die Tiefschlafphasen III und IV gleiten. Eltern, deren Kind bei einer Autofahrt am Abend eingeschlafen ist, berichten oft, dass sie das Kind aus dem Autositz genommen und für das Bett fertig gemacht haben, ohne dass es aufgewacht ist. Dieses Kind schläft tief und fest.

Beobachten wir doch einmal, wie der Schlaf eines solchen Kindes weiter verläuft: Das Kind bleibt nicht in der Tiefschlaf-Phase. Wir bemerken, dass es sozusagen aus dem Schlaf auftaucht. Es mag sein, dass es etwas unruhig wird, sich das Gesicht reibt, seine Lage verändert oder sogar die Augen kurz öffnet. Wenig später können wir sehen, dass dieses Kind, das kurz aufgewacht war, wieder ruhig und fest schläft. Wenn wir die ganze Nacht am Bett des Kindes verbringen würden, würden wir erleben, dass sich dieser Wechsel von tiefem Schlaf, Traumschlaf und kurzzeitigem Erwachen mehrmals wiederholt.

Einschlafen, aufwachen, schreien – warum?

Warum aber schläft Ihr Kind nicht wieder ein, wenn es nachts aufwacht? Ahnen Sie es?

Für Ihr Kind ist die Welt nicht in Ordnung, wenn es nachts wach wird! Ihr Kind ist vielleicht bisher abends immer auf Ihrem Arm, an Ihrer Brust oder auf dem Bauch des Vaters eingeschlafen. Nun wird es wach, möchte wieder einschlafen und ... Da fehlt doch etwas!! Also ist Protest angesagt. Geschrei, das so laut sein muss, dass es jemand hört, der dann ganz schnell kommt und den bekannten, gewünschten Zustand herstellt. Erst dann kann Ihr Kleines wieder einschlafen, das ist doch klar, oder?

Und wenn Ihr Kind in der Nacht noch mehrmals aufwacht – was, wie Sie jetzt wissen, ganz normal ist –

> **Schlafphasen**
>
> Kein Mensch schläft die ganze Nacht durch. Jeder wacht mehrmals kurz auf, überprüft sozusagen, ob alles in Ordnung ist, und schläft wieder ein, wenn es so ist.

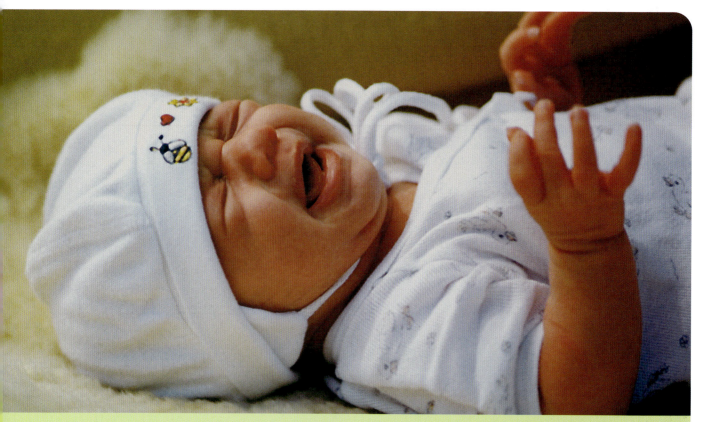

Es ist durchaus normal, wenn Ihr Kind in der Nacht aufwacht und sich mit Protest-Geschrei meldet. Das Kleine braucht Ihre Hilfe, um wieder einzuschlafen.

dann wird es Sie „ganz normal" noch mehrmals in jeder Nacht durch sein Protest-Geschrei wecken. Das sei keine gute Nachricht, meinen Sie? Ich glaube doch!

Sie können sich jetzt sagen, dass Sie ein gesundes Kind haben, welches die bisherigen Bedingungen des Einschlafens genau kennt. Außerdem kann es seine Ansprüche durchsetzen. Zweifelsohne ein starkes Kind!

Aber ein solches Kind braucht auch starke Eltern, keineswegs total erschöpfte! Deshalb will ich Ihnen im praktischen Teil dieses Buches zeigen, was sich ändern sollte, damit die Welt für Ihr Kind in Ordnung ist, wenn es nachts aufwacht, und damit es dann ganz schnell wieder einschlafen kann, ohne Ihren Schlaf zu stören.

Wie viel Schlaf braucht ein Kind?

Da kein Mensch dem anderen völlig gleicht, kann die Antwort auf diese Frage auch kein fester Stundenwert, sondern nur die Mitteilung von Durchschnittswerten sein. Es ist also durchaus möglich, dass Ihr Kind etwas mehr oder etwas weniger Schlaf braucht, als in der nachfolgenden Tabelle angegeben wird. Aber sehr stark sollte die Schlafmenge, die ein Kind bekommt, nicht von dem angegebenen Zeitraum abweichen.

Auch wenn Sie den Eindruck haben, dass Ihr Kurzschläfer-Kind fröhlich und ausgeschlafen aufwacht, kann es sein, dass es etwas mehr Schlaf braucht, als es zur Zeit bekommt. Gelingt es Ihnen, daran etwas zu verändern, so werden Sie wahrscheinlich feststellen, dass Ihr Kind sich beispielsweise am Tag besser konzentrieren kann oder mit den Spielkameraden geduldiger ist.

Was Sie wissen müssen

Seit langem ist bekannt, dass ein guter, ausreichender Schlaf die Gedächtnisbildung fördert und damit eine wichtige Voraussetzung für das Lernen ist. Auch aktuelle wissenschaftliche Studien geben Hinweise darauf, dass ein inadäquates Schlafverhalten (unangemessene Schlafdauer, häufiges nächtliches Erwachen, unregelmäßiger Schlaf-Wach-Rhythmus, aber auch gestörter Schlaf infolge einer obstruktiven Schlafapnoe, siehe Seite 134) bei Kindern und Jugendlichen einen negativen Einfluss auf die Schulleistungen hat.

Die kognitive Leistungsfähigkeit unausgeschlafener Kinder ist geringer als die vergleichbar intelligenter, ausgeschlafener Kinder. Müde Kinder zeigen meist nicht die für das Erwachsenenalter typischen Müdigkeitszeichen, sondern sie fallen durch eine hohe Affektlabilität (schnell wechselnde Gemütsstimmungen, unbesonnene Handlungsweisen, hohe Reizbarkeit) und durch hyperaktive Verhaltensweisen auf (Kraenz, S. et al., 2003).

Kinder verhalten sich bei Müdigkeit oft anders, als wir erwarten. Sie sind aufgedreht – überdreht.

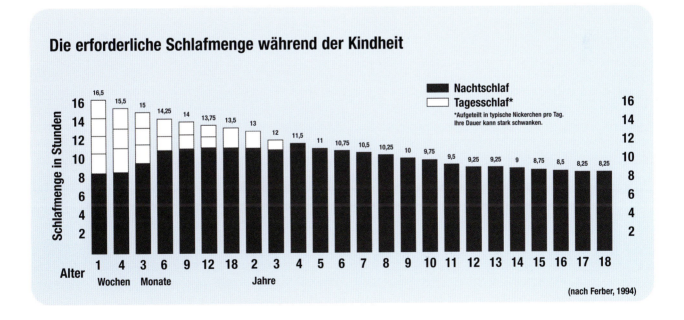

Die Voraussetzungen für einen erholsamen Schlaf

Um einen gesunden, erholsamen Schlaf genießen zu können, müssen einige Voraussetzungen erfüllt sein. Damit meine ich nicht streng festgelegte Normen, die für jede Familie zu gelten haben, sondern Regeln, die für eine bestimmte Familie so gestaltet sind, dass sich alle Familienmitglieder wohl fühlen und das Kind sich seinen Möglichkeiten entsprechend entwickeln kann.

Es ist wichtig, dass Sie sich als Eltern klar machen, was Sie wollen und was Sie von Ihrem Kind bezüglich seines Schlafverhaltens erwarten. Dies sollten Sie ihm erklären und Ihre Ankündigungen dann auch wirklich durchführen. Nur so sind Sie für das Kind eine glaubwürdige Person, bei der es sich sicher und geborgen fühlen kann. Aber es ist auch wichtig, sich ein paar Gedanken darüber zu machen, wie, wann und wo Kinder im Allgemeinen gern und gut schlafen können.

Das richtige Maß an Müdigkeit

Jeder von uns weiß, dass es sehr schwierig ist zu schlafen, wenn man nicht müde ist. Steht eine Feier oder eine Reise bevor, so werden Sie vielleicht versuchen, etwas „auf Vorrat" zu schlafen, und dann feststellen, dass dieses kaum gelingt. Ebenso ergeht es unseren Kindern, wenn sie zu einem Zeitpunkt ins Bett gelegt oder geschickt werden, zu dem sie nicht müde sind.

Kinder, die am Tag fröhlich herumtoben und viel erleben, sehen wenig fern und gehen abends gern zu Bett, weil sie müde sind, denn das eigene Leben aktiv zu gestalten bringt mehr Freude, als vor dem Fernseher dem Leben anderer zuzuschauen.

Ich möchte damit aber nicht sagen, dass Sie den Mittagsschlaf Ihres Kleinkindes streichen sollen, um dann am Abend ein sehr müdes Kind zu haben. Die Erwartung, dass ein solches Kind nun sehr schnell einschlafen und sehr viele Stunden hintereinander schlafen wird, stellt sich sicher als Irrtum heraus. Sie werden bereits am Nachmittag ein unzufriedenes, lustloses oder sogar ziemlich gereiztes Kind erlebt haben und feststellen, dass das Einschlafen diesem quengelnden, übermüdeten Kind ganz besonders schwerfällt.

Im zweiten Teil dieses Buches werde ich Ihnen zeigen, wie Sie Ihrem Kind in den verschiedenen Altersstufen helfen können, einen Rhythmus zu finden, der aus fröhlich und aktiv erlebten Wachphasen und erholsamen, ausreichend langen Schlafphasen besteht.

Der Schlafplatz des Kindes

Die meisten Kinder, die auf unserer Erde leben, haben kein eigenes Bett und schon gar kein eigenes Zimmer. Dennoch werden sie in der Regel den erholsamen Schlaf bekommen, den sie benötigen, um gesund aufwachsen zu können.

Aber anhand von wissenschaftlichen Schlafuntersuchungen wissen wir auch, dass unser Schlaf ruhiger, d.h. ungestörter verläuft, wenn wir in unserem Bett schlafen. Es wurde nachgewiesen, dass die Bewegungen, die ein Mensch ausführt, wenn er kurz aus dem Schlaf auftaucht, von der mit ihm im selben Bett schlafenden Person in der Regel wahrgenommen werden. Für den Mitschläfer wechseln dadurch die Schlafphasen häufiger oder es kann zu einem völligen Aufwachen kommen. Beides bedeutet eine Beeinträchtigung des Schlafes und sollte, wenn möglich, vermieden werden.

Dennoch geben viele Eltern ihren eigenen Wünschen oder den Forderungen ihres Kindes nach und lassen es über Jahre hin im elterlichen Bett schlafen. Ich halte das nicht für empfehlenswert, kann aber akzeptieren, dass diese Regelung für eine Familie ganz in Ordnung sein kann, wenn

- beide Eltern und das Kind damit glücklich sind,

- das Kind abends schnell einschläft, nachts selten aufwacht und dann ohne elterliche Hilfe wieder einschläft,

- das Kind und die Eltern genügend Schlaf bekommen,

- das Verhalten des Kindes während des Tages keine Auffälligkeiten zeigt.

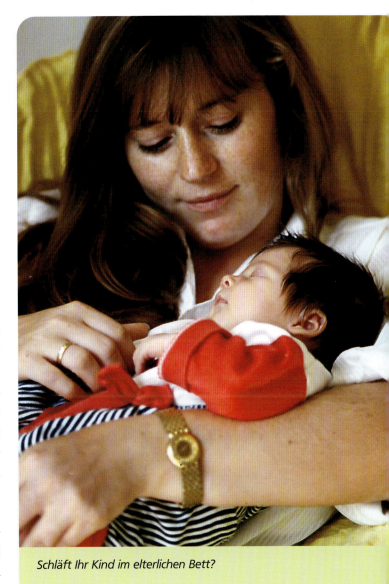

Schläft Ihr Kind im elterlichen Bett?

Gegen ein Schlafen des Kindes im Bett der Eltern als Ausnahme an besonderen Tagen oder bei Krankheit des Kindes ist natürlich gar nichts einzuwenden.

Welche Bedürfnisse und Gedanken spielen eine Rolle, wenn Eltern unseres Kulturbereiches ihr Kind jede Nacht in ihrem Bett schlafen lassen?

Beim jungen Säugling mögen folgende Gedanken Gründe für Ihre Entscheidung sein, das Kind im Elternbett schlafen zu lassen:

- Sie hören Ihr Kind schnell, wenn es nachts wach wird und nach Nahrung verlangt.

- Sie brauchen das Bett nicht zu verlassen, um Ihr Kind zu stillen.

- Es gelingt Ihnen vielleicht sogar, Ihr Kind nachts zu stillen, ohne dass der Vater etwas davon wahrnimmt, also ohne dass auch er in seinem Schlaf gestört wird.

- Sie möchten Tag und Nacht spüren können, wie es Ihrem Kind geht, und gegebenenfalls für Ihr Kleines sofort da sein.

- Vielleicht kommt noch ein wohliges Gefühl hinzu, wenn Sie Ihr geliebtes Kind so nahe bei sich mit allen Sinnen spüren.

So verständlich diese Überlegungen und Gefühle sind, möchte ich Ihnen dennoch raten, das Kind in einem eigenen Bettchen oder einem Körbchen in Ihrer Nähe im Schlafzimmer schlafen zu lassen.

Sie werden erstens feststellen, dass Sie Ihr Kleines auch dann sehr schnell hören werden, wenn es sich meldet. Und zweitens gibt es noch einen ernst zu nehmenden Grund, warum Sie Ihr kleines Kind nicht in Ihrem Bett schlafen lassen sollten. Dies ist die Gefahr der Überhitzung, die als eine mögliche Ursache für den plötzlichen Kindstod angesehen wird (siehe Seite 122).

> **Das eigene Bett**
>
> Ein Kind, das sich in seiner Familie geborgen fühlt, wird die benötigte Nachtruhe am sichersten und besten in seinem eigenen Bett finden.

Wie soll das Bett aussehen?

Das Kinderbettchen oder Körbchen soll mit einer festen Matratze, nicht aber mit einem Kopfkissen ausgestattet sein. Das Kind liegt auf dem Rücken in einem Schlafsack oder unter einer leichten Decke. Da der Säugling zu viel Wärme nicht gut verträgt, sollten Sie keine dicke Daunendecke verwenden. Sie sollten auch darauf achten, dass sich die Bettdecke nicht infolge der Körperbewegungen des Kindes verschieben und das Kind völlig von ihr bedeckt werden kann. Am besten stecken Sie die Decke seitlich an der Matratze ein. Die Arme des Kindes sollten nicht unter der Bettdecke sein. Die Raumtemperatur sollte maximal 20 Grad, besser etwa 18 Grad Celsius betragen. Ein locker sitzendes, langärmeliges Kleidungsstück, z. B. ein einteiliger Schlafanzug oder Schlafsack mit Ärmeln (Ausnahme: heiße Sommernacht), sind als Nachtbekleidung am besten geeignet.

Der Säugling braucht in der Regel weder Handschuhe noch Mütze, auch wenn sich seine Händchen recht kalt anfühlen. Wollen Sie überprüfen, wie warm es Ihrem Kleinen ist, so fühlen Sie an der Brust oder im Nacken-/Rückenbereich. So merken Sie auch, ob Ihr Kind zu warm eingepackt ist und schwitzt.

Was gehört sonst noch ins Kinderbettchen?

Ein Kuscheltier, Kuscheltuch oder ein kleines weiches Spielzeug sollten Sie Ihrem Kind anbieten. Dieses sollte zuverlässig zu jedem Einschlafen da sein. Beständigkeit gibt Sicherheit.

Nicht selten wird eine junge Familie bei der Geburt eines Kindes von Verwandten und Bekannten mit

Eine feste Matratze, die das Kinderbettchen völlig ausfüllt – aber kein Kopfkissen –, braucht Ihr Kleines für einen gesunden Schlaf.

vielen wunderschönen Schmusetieren überschüttet. Sie werden schnell feststellen, dass es kaum möglich ist, alle diese gutgemeinten Geschenke im Bettchen Ihres Kindes unterzubringen. Wenn Sie nun noch bedenken, dass ein Kind beim nächtlichen Auftauchen aus dem Schlaf kurz überprüft, ob alles so ist, wie es abends beim Einschlafen war, dann wird es Ihnen vielleicht leichter fallen, sich nur für ein oder zwei Teile zu entscheiden. Wenige Teile werden Ihrem Kind schnell vertraut und es wird sie nachts rasch wiedererkennen.

Wählen Sie das aus, was Ihnen am meisten zusagt, und beziehen Sie diese Gegenstände in das abendliche Ritual, ins Schmusen und Streicheln mit ein. So wird Ihr Kind sein Tierchen, Püppchen oder Tuch schnell lieben lernen. All die anderen Geschenke können irgendwo im Kinderzimmer oder auf der Krabbeldecke einen Ehrenplatz bekommen.

Wird Ihr Kind etwas älter, so mag es hin und wieder vorkommen, dass es sein Herz an ein anderes Schmusetier hängt. Legen Sie dann für wenige Tage beide Gegenstände ins Bettchen und entfernen den weniger geliebten bald darauf. Auch im Kleinkindalter sollten Sie nicht zulassen, dass viele Puppen, Teddys und Tiere mit im Bett schlafen. Bei so vielen Schlafgenossen wird Ihr Kind zu keinem eine echte Beziehung aufbauen können. Es ist aber wünschenswert, dass Ihrem Kind irgendetwas ganz besonders ans Herz wächst. Dieser Gegenstand wird ihm bei einem Kummer Trost bieten, er kann das Kind beim Verreisen begleiten und es wird sich bald für ihn verantwortlich fühlen.

Das Schlafritual

Schon in den ersten Lebensmonaten, in denen Ihr Kind langsam einen Schlaf-Wach-Rhythmus entwi-

Aber es sei darauf hingewiesen, dass Ihr Kind leichter und schneller ein guter Schläfer werden wird, wenn es schon im vierten oder fünften Lebensmonat lernt, nach einer liebevollen kurzen Schmusezeit ohne die Hilfe der Eltern in seinem Bettchen einzuschlafen. Um dieses zu können, braucht ihr Kind neben den auf Ihre Familie zugeschnittenen Ritualen zur Schlafenszeit auch das Gefühl von Sicherheit, Geborgenheit und Vertrauen.

Sicherheit, Geborgenheit und Vertrauen: die Grundlagen des Allein-einschlafen-Könnens

Ich möchte Ihnen anhand eines Bildes zeigen, was Ihr müde gewordenes Kind braucht, um wohlig und voller Zuversicht gern den Schritt vom Wachsein zum erholsamen Schlafen allein gehen zu können. Stellen Sie sich einmal vor, dass Sie auf einer Wanderung kurz vor Ihrem Ziel an eine Schlucht kommen, die Sie überqueren müssen. Nun könnte über diesem Abgrund zwar ein ausreichend breites Brett

Kuscheltiere können auch vom Regal aus den Schlaf bewachen oder auf der Krabbeldecke einen Ehrenplatz bekommen. Ins Kinderbett sollte nur ein weiches Tierchen oder Tuch gelegt werden.

ckeln wird, können Sie bestimmte Rituale zur Vorbereitung auf das Schlafengehen anwenden. So werden diese Ihrem Kind vertraut. Wenn Sie mich nun fragen: „Welche Rituale sind für mein Kind geeignet?", dann lautet meine Antwort: „Alle, die Sie sich gern für Ihr Kind ausdenken und die Ihnen beiden Freude bereiten. Kleine, sich wiederholende Handlungen, die Ihrem Kind Wohlbefinden bringen und es ruhig werden lassen." In den ersten vier bis sechs Monaten ist es Ihnen überlassen, ob Sie Ihr Kleines auf Ihrem Arm einschlafen lassen oder es noch wach in sein Bettchen legen.

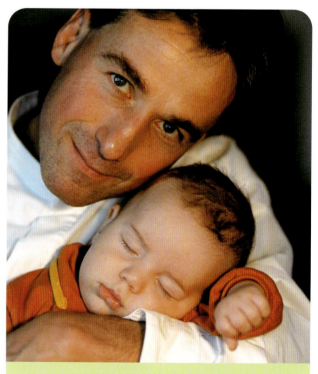

Hat Ihr Kind Geborgenheit erfahren, so kann es wohlig auch alleine einschlafen.

Was Sie wissen müssen

liegen, auf dem Sie eigentlich problemlos hinüber gehen könnten, doch es fehlt ein Brückengeländer. Außerdem wissen Sie nicht, ob dieser Steg feucht oder vermoost ist und ob vielleicht eine Windböe aufkommen wird. Mögen Sie über diese Brücke gehen? Werden Sie nicht darauf warten, dass Ihnen jemand hinüber hilft, Ihre Hand nimmt und Sie führt? Wäre aber die Brücke aus festem Holz oder Metall und hätte sie ein ausreichend hohes, sicheres Geländer, so würden Sie wahrscheinlich nicht einen Augenblick zögern, sondern Ihren Weg fortsetzen, um sich am anderen Ufer an Ihrem Ziel ausruhen zu können.

Betrachten wir nun Ihr Kind, das sich Ihnen sehr nahe fühlt, das glücklich und geborgen ist, wenn Sie es im Arm halten, mit ihm schmusen, es füttern oder an der Brust trinken lassen. Und nun ist plötzlich die Müdigkeit da. Sie bemerken dies und legen Ihr noch waches Kind in sein Bettchen. Das Kind spürt sein Schlafbedürfnis, aber es erlebt auch, dass es allein in sein Bettchen gelegt wird und damit erfährt es, dass Schlafen eine Trennung von der Mutter bedeutet. Die Trennung von Ihnen ist gleichbedeutend mit dem Überschreiten der Brücke. Wie sieht diese Brücke für Ihr Kind aus? Hat Ihr Kind schon erfahren, dass Sie als Brücke zuverlässig da sein werden, auch wenn es keinen Körperkontakt mit Ihnen hat? Weiß es, dass Sie bereit und stark genug sind, um Grenzen und damit Sicherheit zu bieten? Oder hat es erfahren, dass Sie immer sehr schnell erscheinen, um es aus dem Bettchen zu nehmen und damit den zuvor erlebten Zustand des Gewiegtwerdens, das Kuscheln und Schmusen sofort wieder anzubieten?

Wenn Ihr Kind bereits gelernt hat, dass es nur Ihre freundliche, aber bestimmte Stimme hören wird, wenn es im Bettchen liegend nach Ihnen verlangt, dann kann Ihr Kind sich, wenn Sie es noch wach in sein Bettchen legen, ohne zu weinen in den Schlaf hinüber gleiten lassen. Es kann darauf vertrauen, dass der kommende Tag, an dem es erholt aufwacht, ihm wieder Ihre Nähe und Liebe und Ihren Schutz bringen wird.

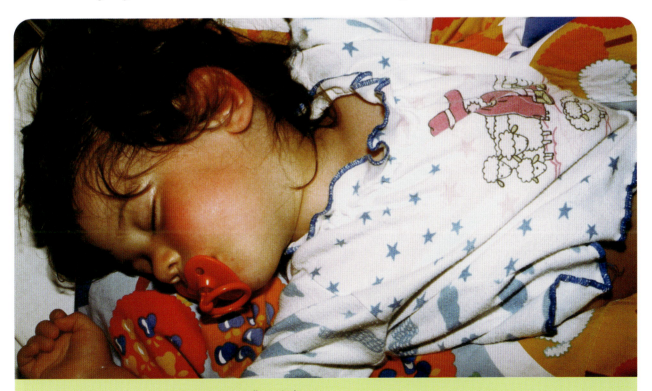

So viel erlebt – so müde. Und morgen ist alles wie heute.

Hat es aber bisher nur erlebt, dass seine Wünsche und Bedürfnisse stets sofort befriedigt wurden und Sie ihm ständig zur Verfügung standen, so wird es nicht akzeptieren können, dass es sich von Ihnen trennen soll. Es wird sich verlassen fühlen und mit heftigem Schreien protestieren. Dieses Verhalten werden Sie verständlicherweise nicht nur beim abendlichen Einschlafen, sondern bei jedem normalen nächtlichen Auftauchen aus dem Schlaf und auch beim Beginn eines Tagesschläfchens erleben.

Allein-einschlafen-Können als Voraussetzung für Durchschlafen

Wenn Sie Ihr Kind in seinen ersten Lebensmonaten immer häufiger, wenn es müde wurde, mit lieben Worten noch wach in sein Bettchen gelegt haben, hat es gelernt, dass das Einschlafen zwar eine Trennung von Ihnen bedeutet, dass es diese aber akzeptieren kann. Es hat die Erfahrung gemacht, dass Sie, sobald es am Morgen erwacht, wieder da sein werden. Und da sich auch der Tag-Nacht-Rhythmus in den ersten Lebensmonaten eines Menschen ausbildet, wird Ihr Kind jetzt in der Nacht viele Stunden hintereinander in seinem Bettchen schlafen können. Obwohl es in jeder Nacht mehrere Male kurz erwacht, wird es Ihre Hilfe nicht mehr brauchen, um schnell wieder einzuschlafen. Es wird, wenn es etwa sechs Monate alt und gesund ist, keine Nachtmahlzeit mehr benötigen und durch seine inneren und die äußeren Zeitgeber „Dunkelheit" und „Ruhe" Hinweise erhalten, dass beim nächtlichen kurzen Aufwachen Weiterschlafen erwartet wird.

Fallbeispiel: Ein guter Schläfer wächst heran

Bevor ich zum praktischen Teil dieses Buches komme, in dem ich Ihnen zeige,

- wie Sie Ihrem Kind helfen können, ein guter Schläfer zu werden, und

- wie Sie ein falsch gelerntes Schlafverhalten und in der Familie vorhandene Missverständnisse korrigieren können,

möchte ich Ihnen zur Entspannung einen Abschnitt aus dem Leben einer jungen Familie schildern.

Leos Eltern ahnten wenig davon, dass sie ihr sieben Wochen altes Kind wunderbar anleiteten, ein guter Schläfer zu werden. Sie hatten eine feste Vorstellung davon, wie ihr Kind schlafen sollte und erwarteten ganz selbstverständlich von ihrem Kleinen, dass er ihren Wünschen und Aufforderungen nachkommen würde. Außerdem waren sie mit ihrem bescheidenen Leben zufrieden und sahen es als ihr gutes Recht an, am Feierabend immer mal wieder die Sorgen und Nöte des Alltags ein wenig zu vergessen und fröhliche Stunden zu genießen. Dass ihr kleiner Liebling dadurch hätte gestört werden können, kam ihnen gar nicht in den Sinn.

Die jungen Eltern waren als deutschstämmige Aussiedler aus Polen gekommen und fanden bei Verwandten vorerst eine Bleibe. Eine Ecke ihres Zimmers trennten die Eltern nach der Geburt des Kindes am Abend oder bei Bedarf auch tags durch einen dunklen Vorhang vom übrigen Raum ab. Hier schlief der kleine Leo in einem Wäschekorb auf einer festen Matratze. Sein Schmusetier war eine kleine gehäkelte Puppe, die die Freundin der Mutter beim Abschied in Polen für das noch Ungeborene geschenkt hatte. Diese Puppe war für die Mutter ein Zeichen der Liebe und Erinnerung an die Freundin, und so herzte sie das kleine Geschenk oft und bot ihrem Jungen die schlichte Puppe als ein besonderes, hohes Gut an.

Die Mutter hatte, damit sie sich bald eine eigene Wohnung leisten könnten, in den Abendstunden eine Arbeit angenommen. Während des Tages war sie bei ihrem Kleinen und konnte sich nach seinen Bedürfnissen richten. Leo wurde gestillt, wenn er es forderte, aber abends, eine Stunde bevor die Mutter für drei Stunden das Haus verlassen mußte, weckte sie ihn regelmäßig, stillte ihn und schmuste ausgiebig mit ihm. Dann brachten Vater und Mutter den Kleinen gemeinsam ins Bett und die Mutter erzählte an jedem Abend, dass sie nun gehen werde. Der

Mit der Hilfe der Eltern kann jedes Kind ein guter Schläfer werden.

Vater erklärte, er sei ja jetzt da und werde gut aufpassen, bis die Mutter wieder zurückkomme, um Ihren kleinen Schatz zu wecken und zu füttern. Und so geschah es an jedem Tag. Nachdem Leo nach der Rückkehr der Mutter etwa um 23 Uhr gestillt und gewickelt war, schlief er schon bald fünf bis sieben Stunden, ohne die Eltern zu stören.

Auch an den Wochenenden, an denen die Mutter nicht zur Arbeit gehen musste, behielt die Familie diesen Rhythmus bei. An den Samstagen hatten die kontaktfreudigen Eltern gern Bekannte und neue Freunde zu Besuch. Diese wunderten sich dann manchmal sehr darüber, dass der kleine Leo trotz lauter, fröhlicher Unterhaltung, trotz Musik und Tanz friedlich in seiner Ecke schlief.

Für Leo war das ganz in Ordnung, da es ja dem, was er in den Wochen zuvor erlebt hatte, entsprach. Die Geräusche waren ihm vertraut, er wusste, sie galten nicht ihm, also nahm er sie auch nicht recht wahr. Wenn er doch einmal wach wurde und quengelte, vernahm er die Stimme eines Elternteils, die ihn mit seinem polnischen Kosenamen ansprach und ihm mitteilte, dass er noch ganz lange schlafen dürfe. Es war nie nötig, dass die Eltern den Kleinen aus seinem Bettchen holten. Leo ließ sich allein durch die Stimme eines Elternteils beruhigen und schlief, bis der helle Morgen und der Hunger ihn weckten und er das Gesicht seiner Mutter sah und wusste, dass ihr Lachen nun ihm galt.

Wenn wir das Vorgehen dieser jungen Eltern genau betrachten, fällt auf, das sie ihrem kleinen Sohn täglich liebevoll zuverlässige Orientierungspunkte gaben, die ihn erkennen ließen, was sie von ihm erwarteten. Wer Orientierungspunkte geben will, muss bereit sein, auch Grenzen zu setzen. Grenzen zu setzen heißt aber nicht nur Verbote auszusprechen, sondern auch Sicherheit zu geben, sodass das Kind sich glücklich und umsorgt und damit unbesorgt fühlen kann.

Was Sie wissen müssen

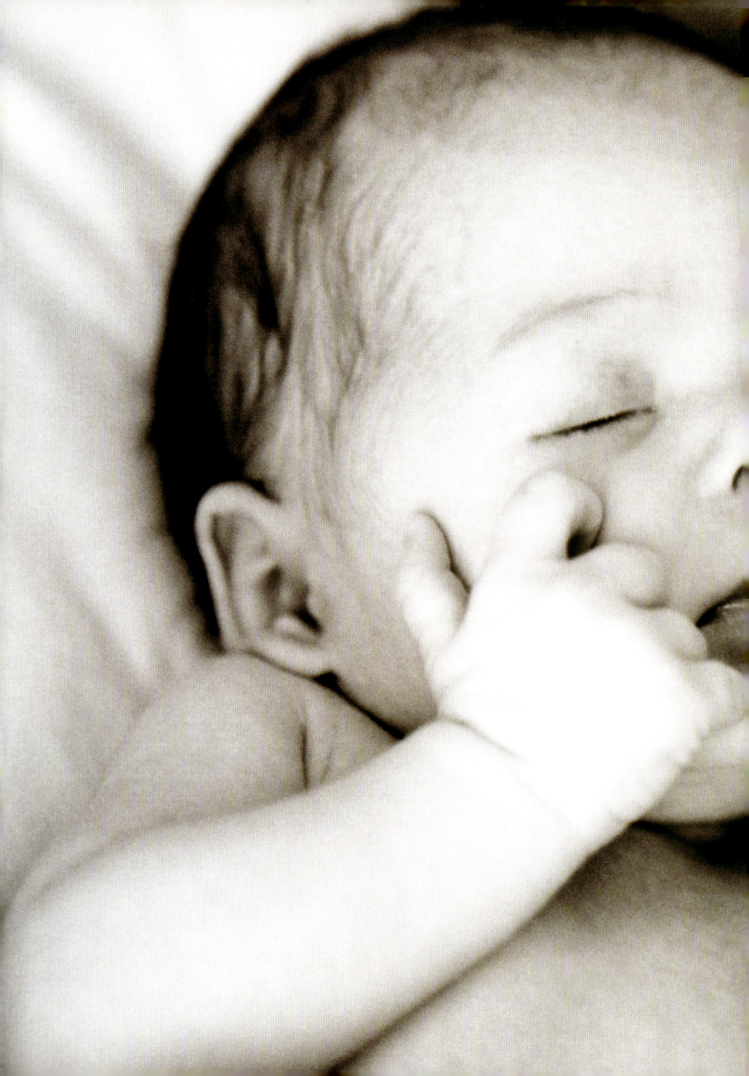

Was Sie tun können

Auf den bisherigen Seiten konnten Sie lesen, welche Bedeutung ein guter oder schlechter Schlaf für unser Leben hat, wie der normale Schlaf eines Kindes verläuft und welche Voraussetzungen gegeben sein sollten, damit Ihr Kind ein „guter Schläfer" werden und bleiben kann. Sie wissen, dass das Gut- oder Schlechtschlafen-Können Ihres Kindes Auswirkungen auf sein Verhalten während des Tages hat. Außerdem können Sie sich vorstellen, dass auftretende Schlafprobleme Ihres Kindes Ihre Gefühle dem Kind gegenüber unweigerlich verändern werden, wenn sie länger bestehen, denn sie rauben Ihnen die Nachtruhe, die Sie dringend brauchen.

Praktische Hilfe bei Schlafproblemen

Bevor ich auf die Möglichkeiten der Behandlung der Schlafstörungen bei Kindern eingehe, gebe ich Ihnen noch einige Hinweise, wie Sie es schaffen können, dass Ihr noch sehr junges Kind ein guter Schläfer wird. Denn es kann ja sein, dass Sie dieses Buch zur Vorbeugung lesen, weil Sie Fehler vermeiden und Schlafprobleme gar nicht erst aufkommen lassen möchten.

Schlafprobleme von Anfang an vermeiden

Schauen wir uns ein gesundes Kind in seinen ersten Lebenswochen an. Es spürt die Liebe seiner Eltern immer wieder und kann eine enge Beziehung zu ihnen aufbauen. Man nennt diese innige Beziehung eine frühe Bindung. Sie ist die Grundlage, die das Kind wissen lässt, dass es stets gut versorgt und nie verlassen wird.

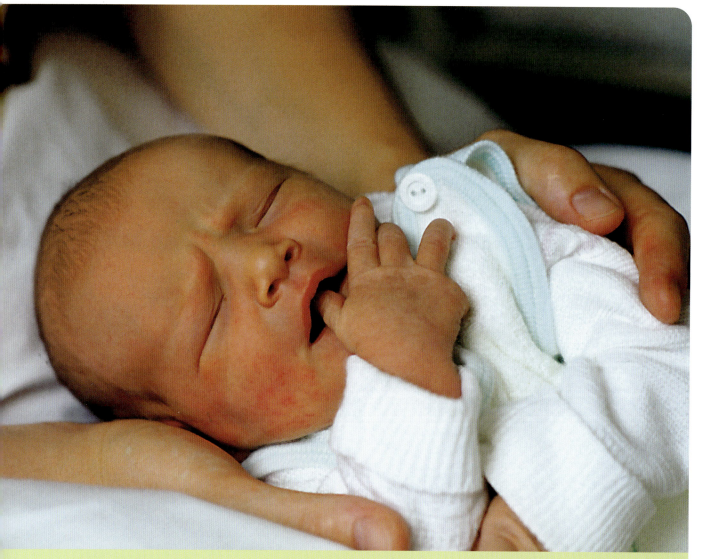

Saugen, ein Grundbedürfnis des Säuglings, lässt ihn schnell einschlafen.

Diese frühe Bindung ersetzt sozusagen die Nabelschnur, die dem Baby bis zu seiner Geburt gute Versorgung garantiert hat. Besteht eine feste frühe Bindung, so wächst das Kind in den nächsten Jahren fröhlich und zuversichtlich in sein Leben hinein.

Das junge Baby erlebt in seinem Tagesablauf kürzere Wachphasen und längere Ruhephasen. Mutter und Kind haben in den ersten Wochen des gemeinsamen Lebens erfahren, dass Wachwerden nicht immer mit Hungerhaben gleich zu setzen ist. Auch die Neugier auf die Umwelt und die Sehnsucht nach liebevollem Hautkontakt sind Bedürfnisse des jungen Säuglings, die am Tag gestillt werden wollen.

Ihr Kleines wird in seinen ersten Lebenswochen je nachdem, welches Geburtsgewicht es hatte und wie viel es pro Mahlzeit trinkt, sechs bis acht (selten auch mehr) Mahlzeiten in 24 Stunden brauchen. Dass Ihr Kind ausreichend Nahrung erhält und diese auch verwerten kann, zeigt Ihnen sein kontinuierlich zunehmendes Körpergewicht.

Auch wenn Sie Ihr Kind nach seinen Wünschen stillen/füttern möchten, sollten Sie spätestens im dritten Lebensmonat eine zeitlich festliegende Abendmahlzeit einführen. Dazu ist es meist notwendig, dass Sie Ihr Kind abends zu einer bestimmten Zeit wecken, etwa eine Stunde bevor Sie selbst normalerweise ins Bett gehen. Stillen Sie Ihr Kind dann, aber lassen Sie es nicht mehr nuckelnd an Ihrer Brust einschlafen. Sie spüren sicher, wann das kräftige Saugen des Babys nachlässt. Zu diesem Zeitpunkt sollten Sie das Stillen/die Flaschenfütterung beenden, das Kind ein wenig herumtragen und sein Bäuerchen machen lassen und es danach bei gedämpftem Licht ohne viele Worte und ohne Spielen für die Nacht fertig machen. Schließen Sie ein liebevolles, ruhiges Schlafritual an (je nach Müdigkeit des Kindes fünf bis 15 Minuten, maximal 30 Minuten). Legen Sie Ihr noch waches Kind mit einem Wunsch für eine gute Nacht in sein Bettchen und verlassen Sie das Zimmer. Beginnt Ihr Kind nun zu quengeln, so gestatten Sie ihm dies eine Zeit lang. Es ist möglich, dass sich Ihr Kleines in wenigen Minuten selbst beruhigt und in seinen Schlaf findet. Dann kann auch für Sie eine längere Ruhezeit beginnen, denn ein Kind dieses Alters kann durchaus sechs oder auch acht Stunden des Nachts schlafen, ohne dass es Nahrung braucht.

Sollte Ihr Kind, wenn Sie es wach in sein Bettchen gelegt haben, länger quengeln oder zu weinen beginnen, so gehen Sie ins Zimmer und sprechen leise mit ihm. Ein leichtes Streicheln des Köpfchens oder Reiben der Schulter lässt das Kind wissen, dass Sie da sind, und kann ihm manchmal helfen, schneller einzuschlafen. Wenn Ihr Kleines aber auch nach längerer Zeit noch nicht zur Ruhe kommt, nehmen Sie es ruhig aus seinem Bettchen und wiegen Sie es in den Schlaf. Es ist ja noch sehr jung und braucht vielleicht noch ein paar Wochen, bevor es im guten Gefühl von Geborgenheit allein in seinem Bettchen einschlafen kann. Geben Sie Ihrem Kind aber in den folgenden Tagen und Wochen immer wieder die Chance, es allein zu versuchen. Üben Sie das im Wachzustand Allein-im-Bettchen-Liegen auch während des Tages, wenn Sie Ihr vom Schmusen und Herumschauen müde gewordenes Kind zu einem Tagesschläfchen hinlegen. Verabschieden Sie sich ganz bewusst und freundlich von Ihrem Kind und lassen Sie es ruhig ein wenig quengeln oder auch ein bisschen weinen. Nur wenn das Weinen stärker wird, sollten Sie wieder ins Zimmer gehen und Ihrem Kleinen zeigen, dass Sie da sind. Streicheln Sie sein Händchen oder führen Sie dieses zu seinem Mund. Häufig fangen Babys dann an, an den Fingerchen zu saugen, beruhigen sich selbst und schlafen schnell ein.

Das Schlafprotokoll

Auf der folgenden Seite finden Sie Beispiele von Schlafprotokollen für Säuglinge verschiedener Altersstufen.

Was lässt sich aus diesen Schlafprotokollen ablesen?

Jan, ein sechs Wochen alter Säugling, schläft viele Stunden am Tag und in der Nacht. Er erhält fünf

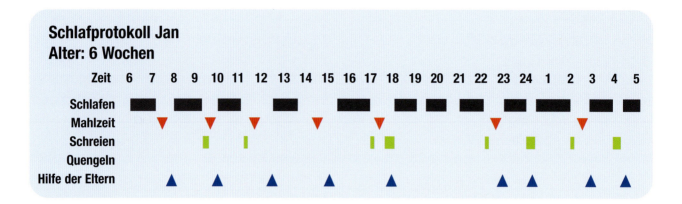

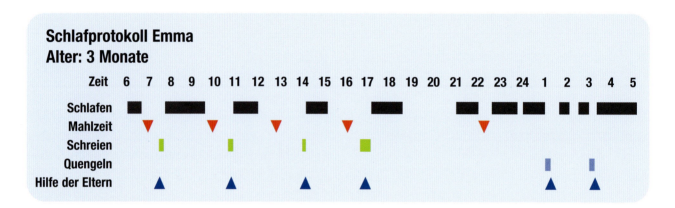

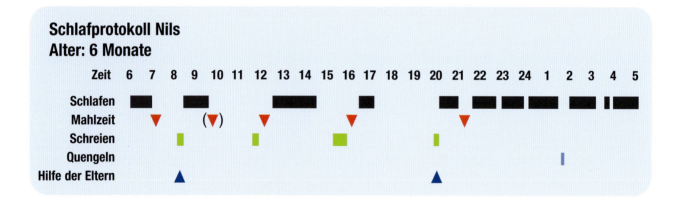

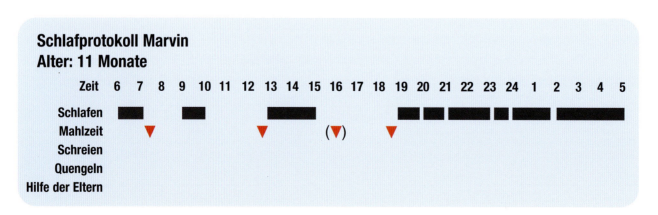

Tages-, eine späte Abend- und eine Nachtmahlzeit. Nachts wacht er mehrmals auf, weint und braucht die Hilfe seiner Eltern, um wieder einschlafen zu können. Die Ausbildung eines Tag-Nacht-Rhythmus ist bei Jan noch nicht abgeschlossen. In diesem jungen Alter ist es normal, dass das Kind zum Einschlafen noch die Hilfe seiner Eltern benötigt.

Emma, drei Monate alt, erhält eine späte Abendmahlzeit und vier über den Tag verteilte Mahlzeiten. Eine Nachtmahlzeit fordert sie nicht mehr. Am Tag erlebt sie zwischen ihren Tagesschläfchen kleine fröhliche Wachperioden. In der Nacht schläft Emma acht bis neun Stunden, wacht öfter einmal kurz auf und quengelt dann gelegentlich. Hört ein Elternteil dies, geht er kurz zum Kind und hilft ihm, wieder einzuschlafen. Auch in diesem Alter sollte die Hilfe zum Einschlafen für die Eltern kein Problem sein.

Nils, sechs Monate alt, ist mehrmals am Tag längere Zeit wach. Er schläft in der Nacht viele Stunden hintereinander. Er hat bereits einen guten Tag-Nacht-Rhythmus. Obwohl Nils nachts immer wieder einmal kurz aufwacht, schreit er nicht, denn er kann ohne die Hilfe seiner Eltern wieder schnell in den Schlaf finden. Nils erhält einschließlich der späten Abendmahlzeit vier bis fünf Mahlzeiten. Eine Nachtmahlzeit braucht er nicht mehr.

Marvin, elf Monate alt, schläft nachts etwa elf Stunden und benötigt beim nächtlichen Erwachen nicht die Hilfe seiner Eltern zum Wiedereinschlafen. Er ist den größten Teil des Tages wach und aktiv. Am Vormittag und am Nachmittag macht er noch je ein Tagesschläfchen. Er bekommt drei Hauptmahlzeiten und zwischendurch ein wenig Obst oder einen Keks.

Die älteren Kinder Nils und Marvin sind bereits „gute Schläfer". Es soll Sie nicht traurig stimmen, wenn das derzeitige Schlafprotokoll Ihres etwa gleich alten Kindes nicht ganz so gut aussieht.

Ich habe die Protokolle abgebildet, damit Sie sich etwas einlesen und leichter ein Protokoll Ihres Kindes erstellen können, wenn Sie darüber nachdenken, ob die Schlafgewohnheiten Ihres Kindes einer Korrektur bedürfen. Außerdem kann ein solches Protokoll Ihnen zeigen, in welchen Punkten das Schlafverhalten Ihres Kindes von dem normalen Schlafverhalten eines ähnlich alten Kindes abweicht.

In den ersten Lebensmonaten des Kindes brauchen Mutter und Kind viel Zeit, die sie miteinander verbringen können. Das Kind erfährt, dass es auf die Mutter vertrauen kann, aber es soll nun auch lernen, dass es sich für eine kurze Zeit von der Mutter trennen kann, ohne sich verlassen zu fühlen. Während seiner Wachphasen erfährt es, dass die Mutter noch da ist, wenn es nur ihre Stimme hört, nicht aber ihr Gesicht sieht. Es lernt, wach auf seiner Decke zu liegen und sich selbst zu beschäftigen, während die Mutter für wenige Augenblicke das Zimmer verlässt. Es erlebt, dass die Mutter stets wiederkommt, wenn es einen Schmerz, Hunger oder das Bedürfnis nach Nähe signalisiert. So lernt es, dass es auch einmal ein wenig warten kann, ohne gleich in Panik zu geraten.

Ist am Tag das Handeln der Mutter für das Kind überschaubar und zuverlässig, so wird es auch bald in der Nacht immer weniger Hilfe von den Eltern brauchen, wenn es bei einem normalen Auftauchen aus dem Schlaf die Orientierungspunkte erkennt, die da melden: „Weiterschlafen ist angesagt!"

Hier noch einmal zusammengefasst die Punkte, die in den Familien von guten Schläfern, den noch ganz jungen, aber auch den älteren, dazu geführt haben, dass das Kind ein gesundes Schlafverhalten entwickeln konnte:

- Die Eltern reden mit ihrem Kind, teilen ihm deutlich mit, was sie von ihm möchten.

- Sie kündigen an, was sie tun werden, und führen dieses dann auch konsequent durch.

- Sie lassen ihr Kind zuverlässig das Einschlafritual erleben. Sie lassen dieses weder aus Zeitmangel ausfallen noch drohen sie seinen Wegfall als Strafe an.

- Sie geben ihrem Kind sein besonderes Kuscheltier oder Kuscheltuch, das beim normalen Wachwerden in der Nacht ein Kamerad und Tröster sein kann, für das das Kind sich aber auch verantwortlich fühlen darf.

- Sie zeigen ihrem Kind in aller Ruhe und Entschlossenheit, dass und wie es sich allein helfen kann, wenn es in der Nacht kurz wach wird.

- Sie vermitteln dem Kind, dass das Bett ein angenehmer Ort zum Schlafen ist, schicken ihr Kind weder zur Strafe in sein Bett noch lassen sie das Bett als häufige Spielstätte zu.

Die Ferber-Methode

Sie haben möglicherweise dieses Buch zur Hand genommen, weil Sie sich seit Wochen oder gar Monaten nicht mehr auf den kommenden Tag freuen können. Sie versuchen entweder am Tag stundenlang ziemlich erfolglos, Ihr schreiendes Baby zu beruhigen, oder Sie – vielleicht auch Ihr Partner – haben keine Nacht mehr ausreichend geschlafen, weil Ihr Kind in jeder Nacht mehrmals Ihre Hilfe braucht, um wieder schlafen zu können, oder aber Sie müssen Ihr Bett regelmäßig mit Ihrem unruhig schlafenden, schon älteren Kind teilen. Sie wissen, dass es so nicht weitergehen kann.

Vielleicht fragen Sie sich nun, wie Sie es schaffen können, das Schlafverhalten Ihres Kindes zu verändern, damit Sie, die Eltern, und auch Ihr Kind sich in Zukunft richtig wohl fühlen können. Sie wollen Ihrem Kind fröhlich und gern all Ihre Liebe zeigen können. Doch dazu brauchen Sie ein besseres eigenes Befinden.

Dr. Richard Ferber, Kinderarzt und Schlafforscher, hat Ende der 1970er- und in den 1980er-Jahren am Zentrum für Schlafstörungen bei Kindern am Kinderkrankenhaus in Boston/USA geforscht. Er fand heraus: Die Ursachen für die meisten Schlafstörungen der Kinder sind relativ leicht zu erkennen und mit einfachen Mitteln zu beheben.

Seine Behandlungsmethode, die unter dem Namen Ferber-Methode bekannt geworden ist, hat auch an vielen europäischen Schlafzentren Einzug gehalten und wurde in den folgenden Jahren in den einzelnen Therapiezentren geringfügig verändert. Sie heißt u. a. Freiburger Sanduhr-Methode, Checking-up, Methode des schrittweisen Lernens und des magischen Schlafbuches oder noch ganz anders, das spielt aber keine Rolle.

Alle diese genannten Behandlungsmethoden greifen die Grundgedanken der Ferber-Methode auf. Dr. Ferber beseitigt erfolgreich Schlafprobleme, indem er Eltern zeigt,

- wie sie ihrem Kind helfen können, einen gesunden Schlafrhythmus und gute Schlafzeiten zu entwickeln,

- wie sie ihr Kind anleiten, damit es allein im eigenen Bett in den Schlaf findet,

- wie Eltern Grenzen setzen und damit feste Regeln vorgeben, an denen sich das Kind orientieren und nach denen es sein Verhalten ausrichten kann.

Das Kind lernt eine neue Art des Einschlafens. Es handelt sich bei dem Ferber-Programm um eine Umerziehung des Kindes weg von den alten Schlafassoziationen (Ihren Hilfen) hin zum Im-eigenen-Bett-allein-einschlafen-Können.

> **Die Ferber-Methode**
>
> Die Ursachen für die meisten Schlafstörungen der Kinder sind relativ leicht zu erkennen und mit einfachen Mitteln zu beheben.

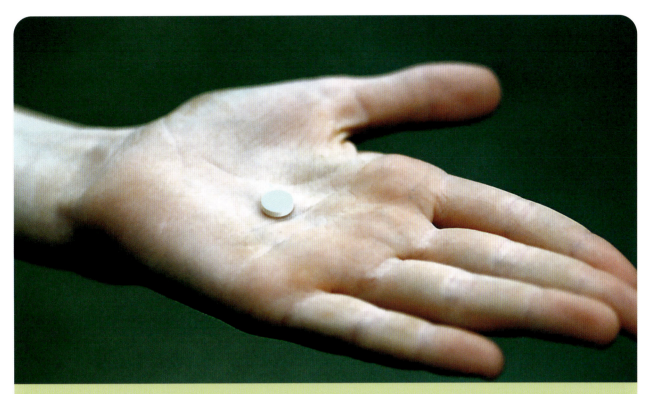
Die Gabe von Tabletten gehört nicht oder nur ganz selten zur Behandlung der Schlafstörungen eines Kindes.

Diese Methode von Dr. Ferber will ich im Folgenden erläutern und Ihnen eine Anleitung zur erfolgreichen Beseitigung der Schlafprobleme Ihres Kindes anbieten. Es ist jedoch unmöglich, für jede nur denkbare Situation ein konkretes Lösungsmodell vorzustellen. Vielmehr möchte ich Sie anleiten, „Ihr Problem" – manchmal liegen auch mehrere Probleme gleichzeitig vor – klar zu erkennen und herauszufinden, welches Verhalten das Problem aufrechterhält. Sie werden erleben, dass Sie in der Lage sind, in Anlehnung an die in diesem Buch vorgestellten Fallbeispiele sowie die dazu gehörigen Lösungen Ihren Weg zu finden, um das Schlafproblem Ihres Kindes erfolgreich zu beseitigen.

Sie bekommen kein Rezept, das Sie wie eine Medizin einsetzen können, um nach wenigen Tagen oder Wochen ein gut schlafendes Kind zu haben.

Es gibt nicht ein Programm für alle Kinder und für alle Eltern! Aber es gibt Richtlinien, und diese sollten Sie kennen, wenn Sie das falsch gelernte, Sie störende Schlafverhalten Ihres Kindes zu Ihrer aller Wohl verändern möchten.

Deshalb lautet mein Vorschlag:

- Analysieren Sie das Schlafverhalten Ihres Kindes (führen Sie etwa eine Woche ein Schlafprotokoll).

- Überprüfen Sie Ihre Reaktion auf das Sie störende Verhalten des Kindes (machen Sie sich ein paar Tage Notizen darüber, wie Sie sich gefühlt und wie Sie reagiert oder was Sie unternommen haben, als Ihr Kind nicht schlafen konnte oder wollte).

- Werden Sie sich klar darüber, was Sie von Ihrem Kind erwarten.

- Versuchen Sie, sich eine gemeinsame Elternmeinung zu erarbeiten, die festlegt, wie, wann und wo Ihr Kind schlafen soll.

Was Sie tun können

- Sammeln Sie Informationen über Maßnahmen, die erlerntes Verhalten, speziell das falsch erlernte Schlafverhalten eines Kindes, verändern können.

- Stellen Sie sich dann ein Programm zusammen, das für Ihr Kind und für Sie maßgeschneidert ist.

Sie können es! Versuchen Sie es!

Wenn wir einen Säugling eine längere Zeit beobachten, stellen wir fest, dass sechs Bewusstseinszustände wechseln. Wir finden:

- den Tiefschlaf,

- den leichten Schlaf,

- das Halbwachsein,

- das Hellwachsein,

- das Quengeligsein und

- das Weinen.

All diese Zustände gehören normalerweise zum Dasein eines Säuglings. Sie werden in gewissem Grad abhängig von dem genetisch verankerten Temperament des Kindes einen größeren oder kleineren Teil des Tages einnehmen. Jede Mutter weiß, dass nicht alle Kinder einer Altersstufe gleich lange schlafen, wach sind oder schreien. Die im Normbereich liegenden Unterschiede von Kind zu Kind sind dabei jedoch beträchtlich.

Das Schrei-Baby

Auch wenn Ihr Kind friedliche Ruhephasen und fröhliche Wachphasen genießen kann, wird es in seinem Tagesablauf immer mal wieder Zeiten geben, in denen es länger (eine oder auch zwei Stunden) weint. Das ist normal. Da dieses Weinen häufiger nach den Mahlzeiten auftritt und Mütter dann manchmal beobachten, dass das Kind die Beine anzieht oder drückt, als müsste es Stuhl absetzen, liegt die Vermutung nahe, dass der Säugling von Blähungen gequält wird und deshalb nicht zur Ruhe kommt. Alte, weit verbreitete Tipps für solche kleinen Notfälle sind:

- Bauchmassage,

- sich das Kind bäuchlings auf den eigenen Bauch legen und selbst ganz ruhig und tief atmen,

- den Fliegergriff anwenden: Das Kleine liegt mit seinem Bauch auf Mutters oder Vaters Unterarm. Das Köpfchen schaut über die Ellenbeuge der Mutter oder des Vaters. Die Hand des Armes, auf dem das Baby liegt, umgreift den außen liegenden Oberschenkel des Kindes. Die zweite Hand der Mutter oder des Vaters kann den Rumpf des Kindes zusätzlich stützen.

- eine leichte Wärmflasche oder ein angewärmtes Kirschkernsäckchen auf den Bauch des Kindes legen,

- ein wenig Fenchel- oder Kümmeltee mehrmals am Tag anbieten.

Sicherlich werden Sie in diesen Situationen Ihr Kind in einem ruhigen Zimmer ein wenig herumtragen und hoffen, dass es einschlafen kann. Wenn es Ihnen aber trotz vieler Versuche nicht gelingt, Ihren Liebling zu beruhigen, geschweige denn zum Schlafen zu bewegen, fühlen Sie sich etwas hilflos. Sie möchten so gern das Richtige für Ihr Kind tun. Dafür brauchen Sie nun etwas Hintergrundwissen, denn es sind nicht nur die Verdauungsprobleme, die einem Säugling zu schaffen machen können. Vielleicht haben Sie schon erlebt, dass Ihr Kind ganz unabhängig von einer Mahlzeit eine Schreiattacke von sich gibt, die Sie regelrecht beunruhigt.

Warum schreit ein Baby, obwohl es von seinen Eltern liebevoll umsorgt wird?

Es gibt ganz nahe liegende Gründe, wie:

- Hunger oder Durst,
- Müdigkeit,
- zu viel oder zu wenig Wärme,
- sehr nasse Windel,
- Stuhl in der Windel, was besonders bei Wundsein schmerzhaft sein kann,
- Überfütterung,
- verstopfte Nase,
- verschluckte Luft.

Es gibt aber auch medizinisch-körperliche Gründe, wie:

Schmerzen durch innere Ursachen:

- beginnender katarrhalischer Infekt, Fieber,

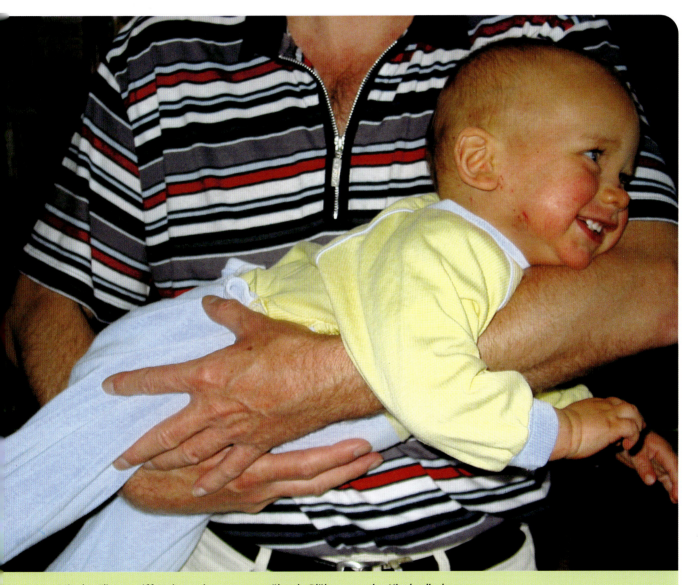

Mit der Fliegergriff-Haltung kann man quälende Blähungen des Kindes lindern.

Schreit Ihr Kind am Nachmittag und Abend oft heftig und lange und liegt kein sichtbarer Grund vor, so kann Ihr Kind vielleicht die vielen Reize der Umgebung noch nicht verarbeiten.

- Mittelohrentzündung (Otitis media),
- beginnende Darminfektion,
- noch nicht optimal funktionierender Verdauungsablauf (Blähungen, Koliken),
- stärkere Stuhlverstopfung,
- Juckreiz bei beginnendem Nesselfieber oder Ekzem (atopischer Dermatitis),
- Verdauungsprobleme infolge von Allergien,
- selten auch Verdauungsprobleme infolge von angeborenen Stoffwechselstörungen,
- Schmerzen bei vorübergehender oder anhaltender Einstülpung eines Darmteils in einen anderen (Invagination),
- Schmerzen bei einem eingeklemmten Leistenbruch oder einer Hodendrehung (Hodentorsion),

Schmerzen durch äußere Einwirkung:

- einengende Kleidung,
- Einschnürung eines Gliedes durch einen Fremdkörper (Faden, Gummizug, Bündchen),
- ungünstige Körperhaltung, die das Kind nicht selbstständig ändern kann.

Und es gibt psychische Gründe, wie:

- Langeweile, Wunsch nach Aufmerksamkeit,
- Wut, Frustration,

Was Sie tun können

- Mitreaktion des Kindes bei psychischer Belastung oder Erkrankung der Mutter,
- Überreiztsein,
- Trennungsangst der älteren Säuglinge.

Fallbeispiel Benedikt – Schreien aus medizinischem Grund (äußere Schmerzen)

Eine junge Mutter brachte ihr neun Wochen altes Kind in die Praxis, weil es seit den Nachtstunden zunehmend unruhig war und immer heftiger schrie. Bei der vier Wochen zuvor durchgeführten Vorsorgeuntersuchung U3 war der kleine Benedikt völlig ruhig und freundlich gewesen und hatte eine altersgerechte Motorik gezeigt. Nun wirkte das Baby sehr verspannt, ungehalten und erhitzt durch das heftige Schreien. Alles deutete auf ein akutes Problem hin. Treffend bemerkte die zweieinhalbjährige Schwester, die die Mutter und das Brüderchen begleitete: „Bene hat doll Aua!" Und sie hatte Recht! Als der Säugling ausgekleidet auf der Liege lag, fiel am Endglied der zweiten Zehe des linken Füßchens eine geringe Verfärbung und mäßige Schwellung auf. Erst bei der Betrachtung mit einer starken Lupe konnte man erkennen, dass ein farbloser, sehr dünner Faden die Zehe strangulierte. Es erforderte einige Geduld und viel Geschick, um dieses Etwas zu entfernen. Kaum war es gelungen, veränderte sich das Schreien des Kindes in ein immer schwächer werdendes Wimmern. Wir untersuchten den Faden und stellten fest, dass er aus Perlon war und vermutlich aus der Kleidung oder aus dem synthetischen Material der Krabbeldecke stammte. Das Endglied der Zehe erholte sich schnell, nachdem sich die Durchblutung normalisiert hatte.

Ein solch extremer Fall ist mir nie wieder begegnet, aber ich habe hin und wieder ein Haar entfernen müssen, das ein Fingerchen eines Säuglings schmerzhaft einschnürte.

Sicher werden sie gemerkt haben, dass sich das Schreien Ihres Kindes sehr unterschiedlich anhören kann, je nachdem, welcher Grund zu dem Schreien, Weinen oder Quengeln geführt hat. In vielen Fällen werden Sie aus Ihrer mütterlichen Intuition heraus wissen, was Ihrem Baby fehlt und was es braucht. Sie werden schnell Abhilfe schaffen können. Doch ist es auch möglich, dass Sie in den ersten Lebensmonaten Ihres Kindes täglich erleben müssen, dass Ihr Kleines mehrere Stunden lang heftig schreit. Sie versuchen vieles, um dieses Schreien abzustellen, haben aber den Eindruck, Ihr Kind lasse sich durch nichts trösten oder beruhigen.

Sie werden sich dann sicher fragen, ob Ihr Kind ein Schrei-Baby ist, werden wissen wollen, was die Ursache ist und wie Sie Ihren Kind helfen können. Ihnen kann man nicht erzählen, dass Ihr Kind solch langes, heftiges Schreien braucht, um seine Stimme zu festigen. Sie spüren, dass Ihr Kind mit seinem Schreien Unbehagen äußert und dass dieses lange Weinen nicht nur für Sie, sondern auch für Ihr Baby Stress bedeutet.

> **Wann sprechen wir von exzessivem Schreien?**
>
> Wenn ein Säugling in seinen ersten drei Lebensmonaten über Wochen hinweg nahezu täglich mehrere Stunden (wenigstens an drei Tagen der Woche etwa drei Stunden) schreit, durch nichts zu trösten ist und diese Zeit vornehmlich in die späten Nachmittags- und frühen Abendstunden fällt, sprechen wir von exzessivem Schreien.

Mit der Bezeichnung Schrei-Baby benannte man früher junge Säuglinge, die sich oft in eben diesem Zustand befanden. Man glaubte, dass diese Kinder unter Drei-Monats-Koliken litten. Eine gewisse Unreife wurde dafür verantwortlich gemacht, dass die Kinder Verdauungsprobleme hätten und in der Folge von Blähungen gequält würden. Nicht selten wird auch noch heute die junge Mutter mit tadelndem Unterton befragt, was sie denn wohl wieder

Was Sie tun können

gegessen habe, das über die Muttermilch weitergegeben worden ist und den armen kleinen Schatz nun so leiden lasse.

Auch wenn es stimmt, das der Verzehr von gewissen Speisen beim Säugling einer stillenden Mutter vermehrt Blähungen bedingen kann, so heißt es nicht, dass die Mutter für das viele Schreien verantwortlich ist. Vermehrte Blähungen können auch problemlos abgehen. Und niemand weiß, ob das Kind überhaupt vermehrte Blähungen bekommt, wenn die Mutter sich gestattet, ihren Heißhunger zu stillen. Sicher ist, dass sie sich glücklicher fühlt, wenn sie nicht ständig gegen ihre Bedürfnisse ankämpfen muss. Und Zufriedenheit der Mutter tut dem Kind gut!

Heute wissen wir, dass die Ursachen für die täglichen Unruhezustände eher eine Überforderung des jungen, leicht irritierbaren Kindes sind. Unzählige Eindrücke sieht, hört und fühlt das Kind im Laufe eines Tages. Wenn es diese, da es sensibel ist und noch nicht über einen ausreichenden Reizschutz verfügt, nicht genügend verarbeiten oder abwehren kann, so kommt es zu einem Aufstau von Empfindungen. Ein solches Kind erlebt die Welt als chaotisch. Das Baby gerät so arg unter Druck, dass es, ähnlich wie wir, wenn es uns nicht gut geht, nur noch das Bedürfnis zu weinen verspürt. Sicherlich wird bei dem heftigem Schreien auch oft Luft geschluckt, sodass Sie nach ein oder zwei Schreistunden durchaus einen ziemlich geblähten Bauch bei Ihrem Kind bemerken können.

Methoden gegen das Schreien

Überlegen Sie zunächst, ob das heftige Schreien Ihres Kindes mit anderen Besonderheiten wie fehlendem oder auffälligem Stuhlgang, Anziehen der Beinchen, verändertem Aussehen einer Körperstelle oder der gesamten Haut zusammen auftritt. Am besten betrachten Sie nach dem Baden oder beim Windelwechseln Ihr entkleidetes Baby einmal ganz genau in aller Ruhe.

> **Wann sollten Sie einen Arzt aufsuchen?**
>
> Wenn sich das bisher ruhige, freundliche Verhalten Ihres Kindes plötzlich deutlich verändert, sollten Sie sich immer fragen, was hat sich sonst noch verändert? Wenn Sie nicht selbst eine Ursache für das plötzliche starke Schreien Ihres Kindes finden und das Schreien nicht aufhört, wenn Sie Ihr Kleines auf den Arm nehmen und wiegen, dann sollten Sie das Kind einem Arzt vorstellen.

Schreit Ihr Kind aber immer häufiger an vielen Tagen der Woche besonders am Nachmittag und Abend lange und lässt sich nicht recht beruhigen, ist die Wahrscheinlichkeit groß, dass täglich zu viele Reize auf es einstürmen. Es ist dann notwendig, dass Sie etwas verändern, damit

- Ihr Kind weniger belastet wird,

- Ihr Kind die erlebten Belastungen besser verarbeiten kann,

- Sie, die Mutter, oder auch beide Eltern, ein wenig Hilfe bekommen, um Kräfte sammeln zu können, denn Vielschreier brauchen starke, nicht völlig erschöpfte Eltern!

Ein altes afrikanisches Sprichwort sagt: „Es braucht ein ganzes Dorf, um ein Kind großzuziehen!" Lassen Sie sich helfen, nehmen Sie das Angebot von Großeltern oder guten Freunden an und überlassen Sie diesen Ihren kleinen Schatz in einer Zeit, die in der Regel nicht problematisch ist, und genießen Sie dann diese Stunde.

Der Tagesablauf für Sie und ihr Kind sollte unter dem Motto stehen: „Weniger ist mehr!" Ihr Kind braucht vorerst einen gut strukturierten, überschaubaren Tagesablauf, der ihm nicht zu viele Reize gleichzeitig

Lassen Sie sich von Großeltern oder Freunden helfen, und genießen Sie einige „kinderfreie" Stunden!

bietet. Ist Ihr Kind wach, so sollten Sie beispielsweise entweder nur mit ihm reden oder es wiegen oder es nur streicheln. So kann es die jeweilige Empfindung kennen lernen und genießen.

Vielfach wird den Müttern der häufig und anhaltend schreienden Babys empfohlen, das Kind in die Arme zu nehmen und fest an sich zu drücken oder sich von einer Hebamme oder Krankenschwester zeigen zu lassen, wie man ein sehr junges Kind in ein Tuch schlägt, um ihm Halt und damit Geborgenheit, ähnlich der Situation in der Gebärmutter während der Schwangerschaft, zu geben.

Ich möchte Ihnen noch etwas anderes vorschlagen, das schon vielen Müttern geholfen hat, selbst ruhig zu bleiben und das Kind ruhig werden zu lassen: Wenn Ihr Kind sich in sein Schreien hineingesteigert hat und durch nichts zu beruhigen ist, dann setzen Sie sich bequem irgendwo hin (Boden, Couch, Bett), ziehen Ihre Beine etwas an und stellen die Füße auf. Nun legen Sie Ihr Kind schräg gegen Ihre Oberschenkel, sein Gesichtchen Ihnen zugewandt.

Halten Sie Ihre Arme seitlich am Körper des Kindes (Sie geben ihm damit Halt!) und umgreifen Sie mit Ihren Händen das Köpfchen des Kindes. Da heftig schreiende Babys meist in eine leichte Überstreckungshaltung gehen, versuchen Sie das Köpfchen des Kindes sanft ein kleines bisschen zur Brust hin zu senken. Schauen Sie Ihr Kleines nur ganz ruhig an. Wahrscheinlich werden Sie spüren, dass die Verspan-

Vielleicht haben Sie das Bedürfnis, das Köpfchen Ihres Kindes mit den Fingern zart zu streicheln oder stattdessen mit leiser Stimme eine Melodie zu summen oder nur ein paar Laute zu brummen. Sie dürfen es tun, doch wählen Sie aus und tun Sie bitte nicht zu viel gleichzeitig! Bleiben Sie etwas länger bei Ihrer Methode und erleben Sie, wie Ihr Kind ruhiger wird und vielleicht sogar einschlummert. So lernt es, dass es mit geringer Unterstützung oder sogar allein in den Schlaf finden kann.

Was auch immer Sie versuchen, Sie sollten möglichst nur einen Sinneskanal des Kindes ansprechen, entweder

- es halten oder
- es leicht schaukeln oder
- Blickkontakt aufnehmen oder
- ihm leise etwas vorsummen.

Tun Sie mehrere Dinge gleichzeitig, kann Ihr Kind schon in Verwirrung geraten.

Diese Regel sollten Sie auch während des normalen Tagesablaufes im Kopf haben. Ihr Kind hat noch keinen ausgereiften Reizschutz und ist schnell überfordert, wenn es vielen Reizen gleichzeitig ausgesetzt wird. Am Morgen mag es die zahlreichen Sinneseindrücke, die auf es einströmen, teils verarbeiten, teils nur stapeln können, doch im Laufe des Tages wird das Maß dann voll und Ihr Kind weiß sich nicht anders zu helfen, als sich durch Weinen gegen diese Überfütterung zu wehren.

Fallbeispiel Sven – Problem: Missverständnis zwischen Mutter und Kind

Sven war knapp zwei Monate alt, als sich seine täglichen kurzen Quengelzeiten immer häufiger in die späten Nachmittagsstunden verlagerten und zu heftigen Schreiattacken wurden. Die Mutter nahm den Kleinen aus seinem Bettchen, wiegte ihn und sang

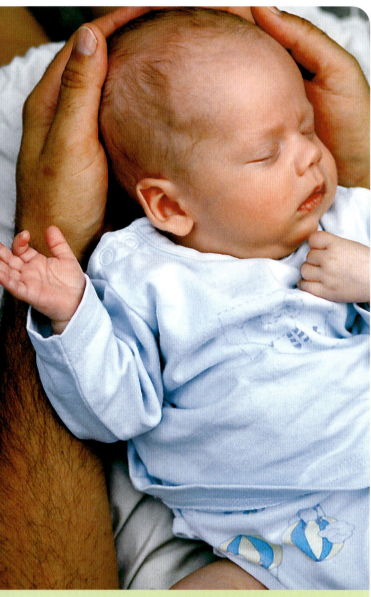

Innige Zwiesprache ohne Worte – Ruhe schenken.

nung des Kindes ein wenig nachlässt. Warten Sie einige Minuten ab und lassen Sie Ihr Kind weinen. Schreit es intensiv weiter und macht sich steif, so bewegen Sie den Kopf und Oberkörper Ihres Kindes etwas auf sich zu und lassen ihn wieder zurück zu Ihren Oberschenkeln gleiten, was einem ganz zarten Schaukeln gleichkommt. Bleiben Sie wieder mehrere Minuten still bei dieser Beruhigungsart. Wenn das Schreien etwas nachlässt und das Kind die Augen öffnet, schauen Sie es freundlich lächelnd an und lassen es in Ihrem Gesicht lesen.

für ihn die Lieder, die ihn in den Vormittagsstunden meist einschlafen ließen. Doch am Nachmittag blieb die positive Wirkung aus. Sven schien umso heftiger zu schreien, je länger seine Mutter sang. Meist legte sie ihn dann auf seine Krabbeldecke und begann ihn zu streicheln. Kam Kerstin, die dreijährige Schwester hinzu, um das weinende Brüderchen mit Schmusen zu trösten, so brüllte Sven, der noch am Mittag die Liebkosungen des aus dem Kindergarten kommenden Mädchens mit einem Lächeln beantwortet hatte, nur noch lauter.

Es war ganz offensichtlich, dass sich Sven unbehaglich fühlte. Und es war ebenso deutlich, dass Mutter und Schwester erfolglos vieles versuchten, um sein Befinden zu verbessern. Das Missverständnis bestand darin, dass sie dem Kleinen wohlmeinend ständig neue Reize anboten, die ihn überforderten, da er sie nicht verarbeiten konnte.

Wie sah die Lösung des Problems in dieser Familie aus? Den Kleinen einfach in sein Bett legen und dort schreien lassen, bis er einschlafen würde, wollte und konnte die Mutter nicht. Da auch Kerstin durch das anhaltende Weinen des Bruders irritiert war, brauchte sie Mutters Nähe. Deshalb wurde mein Vorschlag angenommen, das Baby auf seine Krabbeldecke zu legen und sich mit der Tochter in der Nähe auf den Boden zu setzen, um ruhig einige Kinderbücher zu lesen oder über die Bilder zu sprechen. Dabei konnte die Mutter mit ihrem Ellbogen Sven berühren. Auf Sven wirkten Mutters Nähe und das leise Vorlesen beruhigend, Kerstin bekam die benötigte Zuwendung. Sie saß, da sie gern immer wieder ihre Kinderbücher las, länger still neben der Mutter, und dem Baby gelang es, in seinen dringend benötigten Schlaf hinüberzugleiten.

Sicher haben Sie in bester Absicht gehandelt, wenn Sie bisher Ihr schreiendes Kind bald wiegend, schmusend und singend im Arm gehalten haben, es bald mit schnellen Bewegungen im Kinderwagen hin und her gefahren oder hoch in die Luft einem sich drehenden Mobile entgegen gehoben haben.

Sie ahnten nicht, was Ihr Kind wirklich brauchte, und taten in bester Absicht leider gerade das Falsche.

Manchmal kommt ein Schrei-Baby zur stationären Abklärung in eine Kinderklinik, und die Mutter kann kaum glauben, dass ihr Kind dort nicht mehr übermäßig schreit. Wie ist das möglich?

Die Erklärung ist einfach: Das Missverständnis, das zu Hause zwischen der Mutter und dem Kind bestand (das Kind konnte die Flut der Reize nicht bewältigen, die Mutter aber bot in bester Absicht immer wieder neue Reize durch ihre Beruhigungsversuche an), gab es in der Klinik zwischen der Schwester und dem Kind nicht. Diese Schwester hatte nicht nur wenig Zeit, da sie sich um viele Kinder kümmern musste, nein, sie wusste, dass ein so junges Schrei-Baby vorrangig eine ruhige, reizarme Umgebung braucht. Sie ließ es allein in seinem Bettchen vor sich hin weinen und erlaubte ihm, sich selbst zu beruhigen. Tritt die Schwester an das Bettchen des Säuglings, so wird sie Gelassenheit und viel Sicherheit ausstrahlen, sodass das Kind sich wirklich gehalten und geborgen fühlen kann. Bei einer jungen, unerfahrenen Mutter werden bei längerem Schreien des Kindes Verspannung und auch Panik hervorgerufen. Der sensible Säugling wird zusätzlich verwirrt, wenn er diese Emotionslage seiner Mutter spürt.

Vielleicht fragen Sie jetzt, wie Sie erkennen können, wann Ihr Kind keine weiteren Anregungen mehr aufnehmen kann. Kann Ihr junges Baby Ihnen schon zeigen, was es braucht? Ja, es tut dies, und Sie können lernen, seine zarten Hinweise schnell zu verstehen und zu respektieren.

Wird Ihr Kind müde und ist der vielen Reize überdrüssig, dann wird es vielleicht

- sein Köpfchen zur Seite drehen,

- den Blickkontakt meiden,

- wird gähnen oder

- sich die Augen reiben.

Strömen weitere Eindrücke auf es ein, so wird es

- zu quengeln anfangen und bald

- zum Weinen übergehen.

Nun ist es wichtig, dass Sie die Umgebung des Kindes ruhig gestalten, vielleicht das Licht etwas dämpfen, vielleicht Ihrem Kind nur leicht über die Wange streichen oder sein Händchen an den Mund führen. Oft beginnt es dann daran zu saugen und kann bald in den Schlaf gleiten.

Denken Sie daran:

Ein- und Durchschlafen muss jedes Kind selbst lernen!

Wenn Ihr Kind etwa drei oder vier Monate alt ist, ist es an der Zeit, dass Sie ihm Hilfestellung bieten, damit es in den nächsten Monaten das Allein-Einschlafen und Durchschlafen lernen kann. Gelingt dies, so bleibt Einschlafproblem für Sie ein Fremdwort.

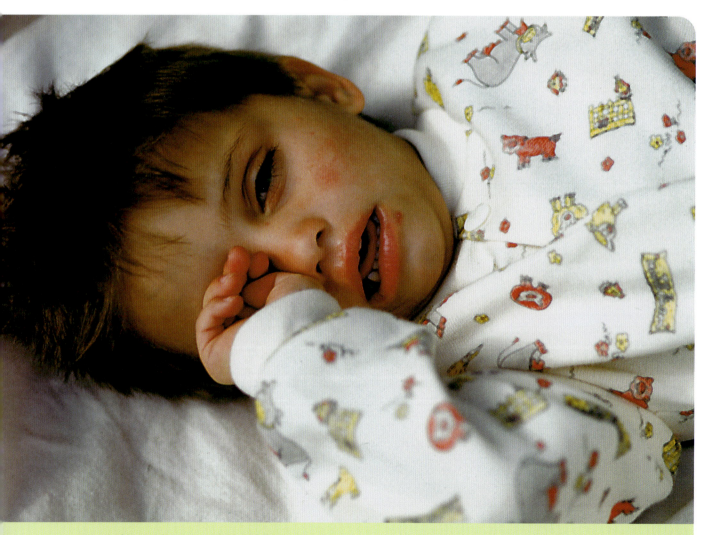

Das Kind ist müde und möchte schlafen.

Was Sie tun können

Die häufigsten Schlafprobleme bei Säuglingen und Kleinkindern

Kehren wir nun zu den nächtlichen Schlafproblemen der Säuglinge und Kleinkinder zurück, denn sicher warten Sie schon ungeduldig auf die Vorschläge, mit denen Sie Ihrer Familie schnell zu einem wohlverdienten, erholsamen Nachtschlaf verhelfen können.

Noch ein kurzer Hinweis vorab: Bedenken Sie, dass ein hervorragendes Programm, das in vielen Fällen Kindern innerhalb von einigen Tagen oder wenigen Wochen zu gutem Schlaf verholfen hat, nichts bewirkt, wenn die Eltern, die dieses Programm anwenden wollen, nicht von der Botschaft überzeugt sind, die sie ihrem Kind übermitteln. Aufgezwungene Ratschläge werden nur halbherzig durchgeführt und helfen in der Regel nicht dauerhaft. Und Kinder spüren sehr schnell, wenn die Botschaft, die von den Eltern zu ihnen kommt, nicht wirklich ernst gemeint ist.

Deshalb schlage ich den Eltern in der Regel vor, sich erst einmal zu informieren, was die Ferber-Methode für sie überhaupt bedeutet (siehe Seite 44 und Seite 66). Erst danach können Eltern überlegen, ob sie diesen Weg zum Allein-einschlafen-Lernen mit ihrem Kind gehen wollen und ob sie sich zutrauen, ihn auch durchzuhalten.

Meiner Erfahrung nach schwanken Eltern, die schon länger unter den Schlafproblemen ihres Kindes leiden, je nach eigenem Befinden zwischen den Gefühlsausbrüchen „Ich kann nicht mehr, ich lasse dieses kleine Monster jetzt einfach schreien" und „Das Kind braucht mich doch, ich kann es doch nicht einfach schreien lassen, das wäre ja herzlos!". Das kann von einem Tag zum anderen wechseln. Das Kind wird durch dieses Verhalten der Eltern verunsichert. Es braucht aber Sicherheit und Geborgenheit, um ruhig und allein einschlafen zu können.

Bevor ich Ihnen die Behandlungswege aufzeige, sollten Sie sich zunächst einmal anschauen, wie die Tage und Nächte in Ihrer Familie ablaufen. Und wie macht man das am besten? Führen Sie ein paar Tage oder besser noch eine Woche lang Protokoll. Vielleicht erkennen Sie schon daraus, dass die Verhaltensweise Ihres Kindes, vielleicht aber auch Ihre eigene sich verändern ließe. Und es ist möglich, glauben Sie mir! Sie werden staunen, wie schnell sich Ihr Problem lösen lässt, wenn Sie einem vorgeschlagenen Weg zustimmen und diesem mit etwas Konsequenz über eine kurze Zeit ohne innere Zweifel folgen können.

Worin besteht das Problem?

Ist Ihr Kind wenigstens fünf oder sechs Monate alt und braucht es zu jedem Einschlafen so viel Hilfe von Ihnen, dass Sie nicht mehr wissen, wie Sie die folgenden Monate überstehen sollen, ohne selbst völlig erschöpft zusammen zu brechen? Zeigt Ihr Kind Schlafgewohnheiten ähnlich denen, die ich in den folgenden Fallbeispielen aufführe?

Robertina, fünf Monate alt, wird nach ihren eigenen Wünschen tags und auch noch mehrmals nachts gestillt. Sie trinkt jeweils nur eine kleinere Menge, denn sie ist daran gewöhnt, dass sie zum Einschlafen an Mutters Brust bleibt und jederzeit noch einmal etwas trinken kann, bevor sie für nur ein bis zwei, höchstens drei Stunden schläft. Da sie meist zehn Mahlzeiten innerhalb von 24 Stunden fordert, ist ihre Mutter infolge des fehlenden Nachtschlafes völlig übermüdet (Problem: fehlender Tag-Nacht-Rhythmus, zu viele kleine Mahlzeiten).

Paul, sieben Monate alt, schläft noch in einem recht geräumigen Stubenwagen. Da er einen 14 Monate älteren Bruder hat, der am Abend nur sehr schlecht einschläft, fürchten die Eltern, dass der Bruder aufwacht, wenn das Baby nach der späten Abendmahlzeit quengelt oder weint. Deshalb schiebt der Vater den kleinen Sohn in seinem Körbchen regelmäßig am Abend hin und her und schaukelt ihn in den Schlaf. Paul hat sich so sehr an das Geschaukeltwerden gewöhnt, dass er es auch in der Nacht fordert, wenn er kurz aufwacht. Und natürlich braucht er diese rhythmische Bewegung auch, wenn er seine Tagesschläfchen machen soll. Um die völlig erschöpfte Mutter etwas zu entlasten, steht Pauls Körbchen am Bett des Vaters, seit der Kleine keine Nachtmahlzeit mehr bekommt. Schlaftrunken schiebt der Vater nun mehrmals in jeder Nacht seinen kleinen Sohn hin und her, bis er wieder eingeschlafen ist (Problem: Paul braucht die Hilfe eines Elternteils, um einschlafen zu können).

Damian, neun Monate alt, wird zu jedem Einschlafen etwa 45 Minuten von seiner Mutter herumgetragen, während sie ihm Schlaflieder singt. Da die Mutter aus einem Geschäftshaushalt kommt und als Kind ihre stets berufstätige Mutter sehr vermisst hat, möchte sie ihrem Sohn mehr Zeit schenken. Er soll sich nie allein gelassen fühlen! Nun ist Damian jedoch bereits so schwer, dass das lange Herumtragen für die zierliche Mutter kaum noch zu schaffen ist. Damian wacht aber sofort auf, wenn die Mutter sich setzt und übertönt mit lautem Gebrüll ihren Gesang. Wenn er nachts kurz erwacht und zu quengeln beginnt, steht die Mutter schnell auf, nimmt den Jungen aus seinem Bettchen und beginnt ihre lange Wanderung durch das Haus. Stets ist sie darauf bedacht, dass der Vater ihr Aufstehen nicht bemerkt, denn er kritisiert dieses „Verwöhnen" des Kindes (Probleme: Damian kann nur auf dem Arm seiner Mutter einschlafen, unterschiedliche Elternmeinung zum Einschlafverhalten des Sohnes).

Moritz, acht Monate, schläft zwar an jedem Abend allein in seinem Bettchen ein, doch gelingt ihm dieses nur, wenn seine Spieluhr läuft. In seinen ersten Lebensmonaten schien das Schlafverhalten des Kindes völlig normal zu sein. Spät abends wurde Moritz gestillt, es folgte eine kurze Schmusezeit, nachdem er gewickelt worden war. Daran schloss sich ein Abendritual, welches mit dem Aufziehen der Spieluhr endete. Vater und Mutter sagten dem Kleinen „Gute Nacht" und verließen das Zimmer. Das hört sich doch wirklich bestens an, nicht wahr? Und wie verlief nun die Nacht weiter?

Da Moritz einige Wochen zu früh auf die Welt gekommen und entsprechend zart war, benötigte er in seinen ersten Lebensmonaten mehrere Nachtmahlzeiten. Bereitwillig stillte ihn seine Mutter und zog die Spieluhr auf, wenn er wieder in seinem Bettchen lag. Kurze Zeit später schlief Moritz fest. Als der Junge älter wurde, brauchte er etwas länger, um einzuschlafen. War die Spieluhr abgelaufen, fing er meist an zu weinen. Also wartete die Mutter vor der Kinderzimmertür, bis das Schlaflied fast zu Ende war, schlich dann kurz ins Kinderzimmer (sie hatte viele Elternratgeber gelesen und wusste, dass ein Kind möglichst allein in seinem Bettchen einschlafen sollte) und zog die Spieluhr wieder ganz auf.

Nun konnte Moritz bei Musik fest einschlafen. Nachts nach dem Stillen fiel es der Mutter deutlich schwerer zu warten, bis die Uhr kurz vor dem Ablaufen wieder aufgezogen werden konnte. Deshalb kam den Eltern schnell der Gedanke, dass sie eine länger laufende Spieluhr finden sollten. Dieses gelang, doch damit war das Problem nur für wenige Wochen aus der Welt geschafft. Moritz wuchs und gedieh und brauchte bald nur noch eine, dann keine Nachtmahlzeit mehr. Die Zeit war da, dass Mutter und Kind eine längere ungestörte nächtliche Schlafensphase hätten genießen können.

Worin liegt nun das Übel, das dieses verhindert? Sie ahnen es? Moritz schläft zwar an jedem Abend nach seinem Schlafritual, zu dem vor dem Aufziehen der Uhr liebevolles Streicheln mit der fellbezogenen Spieluhr gehört, allein in seinem Bett ein, doch wacht er ganz normal nachts mehrmals auf. Und dann fehlt die Musik. Ohne sie kann er nicht einschlafen. Und das kuschelige Mondgesicht der Uhr ist für Moritz

Eine schöne Spieluhr – als Einschlafhilfe nicht immer geeignet.

auch nicht zu erreichen, denn es hängt am Himmel seines Bettchens. So muss ein Elternteil in jeder Nacht mehrmals aufstehen, um Moritz zu streicheln und die Spieluhr aufzuziehen. Erst wenn Moritz die Musik hört und das Fell fühlt, ist die Welt für ihn wieder in Ordnung.

Vater und Mutter wechseln sich ab. Tapfer lächelnd fragen sie manchmal: „Wer hat heute Nachtschicht?" (Problem: Moritz benötigt die Musik und das Fell seiner Spieluhr zum Einschlafen)

Katja, elf Monate, braucht in jeder Nacht vier bis fünf Mal ein Fläschchen. Da sie ein ziemlich gut genährtes Kind ist, hat der Kinderarzt der Mutter geraten, dem Kind nicht jede gewünschte Menge Milch zu geben, sondern bei Durst Wasser oder Tee anzubieten. Dass Katja auch nachts bei jedem Erwachen eine Flasche fordert, ahnt er nicht. Eigentlich braucht Katja auch nicht die angebotene Flüssigkeit, sondern das wohlige Gefühl des Nuckelns zum Einschlafen. Obwohl sie nachts oft ihre Eltern stört, indem sie das Fläschchen fordert, trinkt sie selten mehr als insgesamt 80 ml bis 100 ml pro Nacht (Problem: Katja braucht das Nuckeln an der Flasche, um einzuschlafen).

Julian, sechs Monate, erwartet, dass einer seiner Eltern am Bettchen steht und ihm kreisförmig über das Köpfchen streicht, bis er eingeschlafen ist. Da Julian nur im völlig dunklen Zimmer einschlafen möchte, geschieht es sehr häufig, dass die am Bettchen sitzende, müde Mutter schneller einschläft als der Sohn. Aufgeschreckt durch das Ausbleiben des Streichelns, erwacht Julian und setzt zu lautem Protestgeschrei an (Problem: Julian braucht das Streicheln zum Einschlafen).

Was Sie tun können

Was ist nun zu tun, wenn Ihr Kind eine dieser Verhaltensweisen zeigt oder irgendeine andere Einschlafgewohnheit hat, bei der es die regelmäßige Unterstützung durch die Eltern braucht?

Da Sie bisher Ihrem Kind die geforderte Hilfe geboten haben, bekommt es ausreichend Schlaf und kann sich gut entwickeln. Aber Sie bekommen nicht den benötigten Schlaf, Sie sind so erschöpft, dass Sie weder Freunde einladen noch irgendetwas unternehmen wollen. Sie können sich nicht vorstellen, dass Sie wie früher mit Freude und Schwung ein Abendesssen für mehrere Personen vorbereiten können. Der Gedanke an einen Museumsbesuch, an den Besuch einer Ausstellung oder Sportveranstaltung hat nichts Verlockendes mehr. Sie fühlen sich nur noch müde und wünschen sich, einmal Tag und Nacht schlafen zu können.

Die Lösung Ihres Problems lautet, wie Sie sicher schon vermuten: Ihr Kind soll lernen, ohne elterliche Hilfe in seinem Bettchen einzuschlafen, damit auch Sie wieder den dringend benötigten Schlaf bekommen.

Ihr kleiner Schatz hat in den ersten Monaten seines Lebens Einschlafgewohnheiten angenommen, die ihm gut, Ihnen aber gar nicht bekommen. Was nicht bekömmlich ist, sollte verändert werden.

> ### Eine goldene Regel lautet:
>
> Ein Kind schläft nachts, wenn es – ganz normal – kurz aus seinem Schlaf auftaucht, auf die gleiche Weise wieder ein, wie es am Abend eingeschlafen ist.

Bitte machen Sie sich jetzt noch Folgendes klar: Ihr Kind, dem es ja gut geht mit dem derzeitigen Zustand, hat verständlicherweise kein Verlangen

Übermüdete Mütter überfällt der Schlaf oft schneller als ihre müden Kinder.

Was Sie tun können

So soll Ihr Kind allein in seinem Bettchen schlafen können.

Dann werden Sie auch verstehen, dass Ihr Kind sich später kräftig wehren wird, wenn Sie ihm andere Einschlafgewohnheiten beibringen wollen, solche, die Ihnen nicht den so dringend benötigten Schlaf rauben. Das ist nämlich eine gesunde Reaktion eines starken Kindes. Und deshalb kann ich Ihnen den folgenden Satz, der eine zweite Regel beinhaltet, nicht ersparen:

> **Eine zweite Regel lautet:**
>
> Wer lieb gewordene Verhaltensweisen eines Kindes verändern will, muss für eine kurze Zeit Weinen und Protest aushalten können.

Vielleicht sollten wir an dieser Stelle einmal überlegen, welche Gründe dazu führen, dass Eltern so lange Schafgewohnheiten ihres Kindes zulassen, die ihnen nicht gut tun.

Folgendes kann eine Rolle spielen:

- Sie sind überzeugt, dass Ihre Aufgabe darin besteht, immer für Ihr Kind da zu sein. Vielleicht haben Sie als Kind nicht die Nestwärme erlebt, die Sie sich gewünscht haben. Nun sind Sie entschlossen, Ihrem Kind diese Erfahrung zu ersparen.

- Es mag sein, dass Sie nach vielen schlafgestörten Nächten an einem Morgen nicht nur frustriert, sondern regelrecht zornig auf Ihr Kind und darüber so erschrocken waren, dass Sie sich vorgenommen haben, nie wieder solche Gefühle Ihrem kleinen Schatz gegenüber zuzulassen, sondern alles für ihn zu tun, was er zu einem glücklichen Dasein braucht.

- Vielleicht haben Sie, als Sie merkten, dass das Schlafverhalten Ihres Kindes Ihnen die Nachtruhe raubt, jemanden gefragt, was wohl „normal" sei. Diese Person mag Ihnen geantwortet haben:

nach Veränderung. Es erlebt an jedem Abend, dass alle Bedingungen, die es zu einem glücklichen Einschlafen-Können erwartet, erfüllt werden. Erwacht es in der Nacht und findet diese Bedingungen nicht vor, so reicht ein kleines Signal, ein Quengeln oder kurzes Schreien, und schon ist ein Elternteil da und sorgt dafür, dass „die Welt wieder in Ordnung ist". Was sollte man daran aus der Sicht des Kindes ändern wollen? Gar nichts! Das verstehen Sie doch, oder?

Was Sie tun können

Protest ist manchmal eine durchaus gesunde Reaktion!

„Da musst du durch, das wächst sich aus!" Und so sind Sie weiter von Woche zu Woche tiefer in ein Schlafdefizit gerutscht, weil Sie ja eine gute Mutter sein wollen, die so viel Geduld aufbringt, wie ihr Kind zu seinem Gedeihen braucht.

Ich möchte Ihnen versichern, dass das Schlafverhalten Ihres Kindes, wenn es Sie zu jedem Einschlafen braucht, keineswegs normal ist. Sie müssen nicht warten, bis das Kind älter ist und diese Gewohnheiten von sich aus nicht mehr fordert. Sie sind keine schlechte, herzlose Mutter, wenn Sie von Ihrem Kind etwas Selbstständigkeit fordern. Kennen Sie die Sätze: „Wer fördern will, muss fordern" und „Hilf mir, es allein zu tun"?

Ihr Kind soll selbstständig werden dürfen, soll eine Trennung akzeptieren können. Allein einzuschlafen bedeutet, sich für eine Zeit von Ihnen, der geliebten Bezugsperson, trennen zu können und dennoch bei Ihnen Geborgenheit und Halt zu finden. Beides sind Voraussetzungen, um fröhlich in ein eigenes Leben wachsen zu können.

Der Sechs-Stufen-Weg zum guten Schlaf

Ich gebe Ihnen hier ein Gerüst, an dem Sie Ihr Vorgehen ausrichten können, Ihrem Ziel, einen guten Schläfer als Kind zu haben, von Stufe zu Stufe näher zu kommen. Die Stufen, die Sie sich ansehen und erarbeiten sollen, sind:

1. Stufe
Das oder die Probleme erkennen, d. h. den Ist-Zustand klären.

2. Stufe
Veränderungswünsche klar benennen, d. h. das Ziel festlegen.

3. Stufe
Eine gemeinsame Elternmeinung anstreben.

4. Stufe
Veränderungen einüben, d. h.
a) ein noch sehr junges Kind zu einem guten Schläfer erziehen
b) bei bereits vorhandenen Schlafproblemen einen zu Ihrer Familie passenden Übungsweg in Anlehnung an die Ferber-Methode klar festlegen und durchführen.

5. Stufe
Kleine Veränderungen wahrnehmen als das, was sie sind: kleine Teilerfolge. Kleine Teilerfolge sind Schritte, die zum endgültigen Erfolg führen!

6. Stufe
Den endgültigen Erfolg kontrollieren und genießen!

Es spielt keine Rolle, ob es falsche Einschlafgewohnheiten, ein unregelmäßiger Tagesrhythmus oder unangemessene Schlafzeiten des Kindes sind, die einen gesunden, normalen Schlaf verhindern. In jedem Fall führt der Weg zum Erfolg über diese Stufen.

Das Problem der Kinder, die nicht ohne fremde Hilfe einschlafen können, liegt so deutlich auf der Hand, dass deren Eltern eigentlich kein Schlafprotokoll führen müssen, um herauszufinden, warum ihr Kind sie als schlechter Schläfer regelmäßig des Nachts stört. Dennoch möchte ich auch diese Eltern bitten, einige

Lassen Sie Ihr Kind lernen, etwas allein zu tun.

Tage ein Schlafprotokoll zu führen. Damit erhalten Sie einen Überblick über Ihre Situation vor Beginn des Trainings.

Den Eltern, deren Kinder einen sehr unregelmäßigen Tagesrhythmus erleben oder deutlich verschobene, ungünstige Schlafzeiten haben, wird das Protokoll schnell zeigen, was geändert werden muss (siehe Fallbeispiel Tim und Tom: „Nachtschlafphase liegt in den Tagesstunden" Seite 19 und Fallbeispiel Frauke: „Abgelöster Teil der Nachtschlafphase" Seite 81).

Ich will Ihnen nicht verhehlen, dass einige anstrengende Tage und Nächte auf Sie warten, wenn Sie sich bei bereits bestehenden Schlafproblemen Ihres Kindes entschließen, meinen Ratschlägen zu folgen. Doch zeigt die Erfahrung, dass es oft nur ein paar Tage oder eine, selten zwei Wochen dauert, bis ein Kind bessere Einschlafgewohnheiten angenommen hat. Mit diesen wird es dann viele Jahre gut schlafen können.

Wenn Eltern sehr skeptisch sind und befürchten, dass eine sehr lange schreckliche Zeit auf sie zukommt, pflege ich mutig zu sagen: „Es dauert drei, maximal dreimal drei Tage, bis Ihr kleiner Schatz sich umgestellt hat." So schlimm hört sich das doch nicht an, oder?

- die Stunden, in denen das Kind schläft,
- die Stunden, in denen das Kind wach ist,
- die Mahlzeiten,
- die Zeiten, in denen das Kind quengelt,
- die Zeiten, in denen das Kind schreit,
- das Verhalten der Eltern, wenn das Kind sich meldet.

Tragen Sie in einen 24-Stunden-Plan ein, in welchen Zeiten Ihr Kind schläft, wann es wach ist und wann es wie lange quengelt oder schreit. Markieren Sie auch, wann es eine Mahlzeit erhalten hat und wann es zum Einschlafen Ihre Hilfe benötigt hat. Sie finden ein solches Protokollblatt am Ende dieses Kapitels (siehe Seite 64).

Schauen wir uns zunächst das Schlafprotokoll an, das den Tagesablauf in Moritz' Familie (siehe unten und Seite 63) zeigt, um daran zu lernen, wann ein bestimmtes Schlafverhalten zu einem Schlafproblem wird und gelöst werden sollte.

Im Alter von sechs Wochen wurde Moritz, ein Frühgeborenes, durchschnittlich neun Mal in 24 Stunden

1. Stufe: Das Schlafprotokoll (Ist-Zustand klären)

Das soll in einem Schlafprotokoll festgehalten werden:

gestillt. Um 22.00 Uhr erhielt das Kind regelmäßig eine Mahlzeit. Danach wurde es seinen eigenen Wünschen entsprechend gefüttert. Meist forderte Moritz zwischen 24.00 und 1.00 Uhr, etwa um 4.00

Was Sie tun können

Uhr und wieder gegen 6.30 Uhr eine Mahlzeit. Fünf bis sechs weitere Tagesmahlzeiten verlangte er über den Tag verteilt. Nach den Tagesmahlzeiten spielte und schmuste seine Mutter ein Weilchen mit ihm.

Moritz' Vater findet schnell eine Lösung: Eine länger laufende Spieluhr muss her. Ist das Problem nun wirklich gelöst? Schauen wir einmal, wie es der Familie geht, als Moritz acht Monate alt ist.

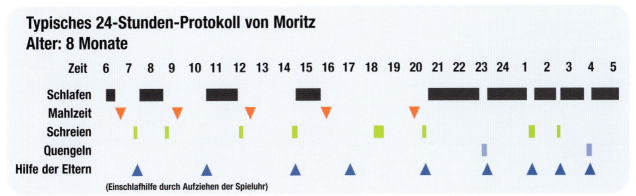

Wurde er müde, gähnte er, oder wurde er unruhig und fing an zu quengeln oder zu schreien, so wusste die Mutter, dass ihr kleiner Schatz nun schlafen wollte. Sie legte das Kind ins Bettchen, zog seine Spieluhr auf, hängte diese über dem Bettchen auf und verließ mit guten Wünschen für den Schlaf das Zimmer. In der Nacht stillte sie den Jungen, sobald er einige Minuten quengelte, verhielt sich beim Wickeln des Kindes recht ruhig, legte den Jungen wieder in sein Bettchen und verließ das Zimmer, nachdem sie die Spieluhr aufgezogen hatte.

Das scheint doch alles ganz in Ordnung zu sein. Moritz ist noch sehr jung und sehr zart und braucht nachts seine Mutter. Obwohl er nicht ohne die Hilfe der Mutter einschlafen kann, hat die Familie zu dieser Zeit kein Schlafproblem, denn niemand leidet unter dem derzeitigen Ablauf von Tag und Nacht.

Im Alter von vier Monaten braucht Moritz noch Nachtmahlzeiten. Wird er wach und quengelt oder schreit, steht seine Mutter auf und stillt ihn. Da er nun etwas länger braucht, um nach der Mahlzeit wieder einschlafen zu können, wird sein Schlafverhalten zum kleinen Problem für die Mutter. Gern ginge sie wieder ins Bett, doch sie muss warten, bis die Spieluhr fast abgelaufen ist, um sie erneut ganz aufzuziehen. Die Spieluhr muss laufen, bis Moritz fest eingeschlafen ist. Da die Mutter unter dieser Notwendigkeit „leidet", liegt ein Schlafproblem vor.

Im Alter von acht Monaten hat Moritz, der Frühgeborene, bereits Vieles aufgeholt. Er ist nun ein gut genährtes Baby und benötigt eigentlich keine Nachtmahlzeit mehr. In seltenen Nächten hat die Mutter den Eindruck, dass ihr Kind durch Hunger geweckt wird. Dann bietet sie Moritz die Brust an, doch er möchte meist gar nicht recht trinken. Er nuckelt ziemlich lustlos an der Brust, schlummert ein wenig ein und schreckt wieder auf. Meist legt ihn die Mutter schnell in sein Bett zurück, stellt die lang laufende Spieluhr an und verlässt das Zimmer. Moritz schläft allein ein. Das hört sich doch auch ganz gut an, oder?

Leider gibt es den Satz: „Es wäre ja alles wunderbar, wenn Moritz nicht in jeder Nacht mehrmals wach würde, obwohl er keinen Hunger hat!" Dieses Wachwerden bedeutet, dass jedesmal ein Elternteil aufstehen, ins Kinderzimmer gehen und die Spieluhr anstellen muss, damit Moritz wieder einschlafen kann. Und damit ist das Schlafverhalten von Moritz eine echte Belastung für die Eltern, es ist ein ernst zu nehmendes Schlafproblem.

Wenn Sie sich noch an die goldene Regel erinnern „Ein Kind schläft, wenn es nachts – ganz normal – aufwacht, auf die gleiche Weise wieder ein, wie es am Abend eingeschlafen ist", dann wissen Sie schon, was ich Moritz' Eltern gesagt habe: „Es ist ganz in Ordnung, dass Moritz in der Nacht mehrmals aus

Die Musik einer Spieluhr zum Einschlafen am Abend kann beim nächtlichen Erwachen, da sie dann fehlt, zum Problem werden.

seinem Schlaf kurz erwacht. Nicht in Ordnung ist seine kleine Welt beim kurzen Erwachen. Er braucht, um wieder einschlafen zu können, die Musik der Spieluhr, und damit braucht er Sie."

Für das Problem dieser Familie gibt es zwei Lösungen:

1. Die Eltern nehmen die Musik der Spieluhr auf einen Tonträger auf und lassen diese Musik über eine Wiederholfunktion des Abspielgerätes die ganze Nacht über laufen.

2. Oder die Eltern helfen ihrem Sohn zu lernen, einen Zustand zum Einschlafen zu akzeptieren,

Schlafprotokoll für Ihr Kind
Alter:

Zeit	6	7	8	9	10	11	12	13	14	15	16	17	18	19	20	21	22	23	24	1	2	3	4	5
Schlafen																								
Mahlzeit																								
Schreien																								
Quengeln																								
Hilfe der Eltern																								

Was Sie tun können

den er allein herstellen kann, einfacher gesagt, ohne fremde Hilfe – also ohne die Musik der Spieluhr einzuschlafen.

Vielleicht schmunzeln Sie ein wenig über den ersten Vorschlag, doch so etwas kommt tatsächlich vor!

Sicher wird es Ihnen nicht schwer fallen zu glauben, dass die zweite Lösung die bessere ist. Außerdem ist sie eine Lösung, die in allen Fällen von Einschlaf- und Durchschlafstörungen im Säuglings- und Kleinkindalter Erfolg zeigen wird.

2. Stufe: Das Ziel festsetzen

Eine erfolgreiche Behandlung von Schlafstörungen beinhaltet, dass ein Kind seine falschen Schlafassoziationen ablegt und lernt, andere Umstände mit dem Schlafen in Verbindung zu bringen, nämlich allein und ohne Hilfe von einer Bezugsperson im eigenen Bettchen einzuschlafen.

Um das zu erreichen ist es notwendig, dem Kind immer wieder ganz klar und eindeutig zu sagen: „Du wirst jetzt allein in deinem Bett ohne meine Hilfe einschlafen. Du kannst das."

Ihr Tun muss nun aber auch Ihren Worten entsprechen! Bedenken Sie schon jetzt, dass Sie sich später während der Anwendung der Ferber-Methode nicht selbst in den Rücken fallen sollen, indem Sie aus Liebe oder Mitleid doch wieder Ihr schon länger schreiendes Kind aus dem Bettchen nehmen, wenn Sie kurz nach ihm schauen dürfen.

Wie gehen Sie nun weiter vor? Fragen Sie sich bitte zunächst einmal, welche Bedingungen Ihr Kind nachts vorfindet, wenn es ganz natürlicherweise aufwacht. Das ist doch nicht die Situation, die Ihr Kleines am Abend von Ihnen angeboten bekommt, oder? Da „fehlt" ihm nachts irgendetwas und deshalb muss es schreien, damit Sie kommen und den erwarteten Zustand möglichst schnell herstellen. Ihr Kind möchte schließlich wieder einschlafen können!

Da Sie sich aber wünschen, dass Ihr Kind beim nächtlichen Aufwachen auch ohne Ihre Hilfe recht schnell einschlafen kann, muss es lernen, am Abend und auch bei seinen Tagesschläfchen unter den Bedingungen einzuschlafen, die es nachts vorfinden wird.

Aus der Sicht Ihres Kindes sind die abendlichen Bedingungen angenehmer als die beim nächtlichen Wachwerden. So darf es Sie, wie ich bereits erwähnte, nicht wundern, dass Ihr kleiner Schatz zunächst einmal heftig protestiert, wenn die erwartete und geliebte Einschlafsituation am Abend nun plötzlich nicht mehr da sein wird. Sie müssen sich auf Weinen einstellen und sollten sich fragen, wie lange Sie das Weinen Ihres Kindes aushalten können, ohne schwach zu werden und das Kind wieder im Arm zu wiegen, es zu streicheln oder das schon ältere Kind im Wohnzimmer spielen zu lassen.

3. Stufe: Eine gemeinsame Elternmeinung finden

Immer wieder zeigt sich, dass Eltern unterschiedliche Ansichten haben, wenn es darum geht, wann, wie und wo ihr Kind schlafen soll. Was die Mutter noch als liebevolles Betreuen des Babys ansieht, ist für den Vater bereits grenzloses Verwöhnen. Ein Elternteil ist entschlossen, das Programm konsequent anzuwenden, damit alle Familienmitglieder wieder einen ausreichenden und erholsamen Schlaf genießen können, der andere Elternteil kann sich nicht vorstellen, das Weinen des Kindes mehrere Abende und Nächte zu ertragen, ohne dass es zu bösen Auseinandersetzungen zwischen den Eltern mit nachfolgenden eigenen Einschlafproblemen kommen wird.

Was können Sie in dieser Situation tun? Mein Rat lautet: Besprechen Sie an einem ruhigen, gemütlichen Tag die derzeitige Situation miteinander und malen Sie sich aus, wie das Schlafverhalten Ihres Kindes in einigen Monaten sein wird. Stellen Sie sich vor, wie Sie sich dann fühlen werden. Prüfen Sie, ob es wirklich akzeptabel für Sie wäre, wenn diese Bilder und Vorstellungen Wirklichkeit werden sollten. Dann wird es Ihnen leichter fallen, noch einmal kritisch über den vorgeschlagenen Lösungsweg nachzudenken und sich vielleicht doch für ihn zu entscheiden.

4. Stufe: Die Ferber-Methode

Der Grundgedanke der Methode ist folgender: Sie legen Ihr Kind ohne jede Einschlafhilfe nach einem lieben Abendritual in sein Bett und verlassen das Zimmer. Ihr Kind wird durch Weinen protestieren, denn es erwartet von Ihnen die bisher üblichen Hilfen zum Einschlafen. Sie halten das Weinen wenige Minuten aus – die Zeit wird in einem Plan, „Ihrem Plan", den ich im folgenden Abschnitt bespreche, festgelegt und steigt von Wartezeit zu Wartezeit und von einem zum nächsten Tag um wenige Minuten bis zu einem Höchstwert für den jeweiligen Tag an. Sie gehen zwischen den Wartezeiten jeweils für ein bis zwei Minuten zum Kind, um sich zu überzeugen, dass es ihm gut geht und um ihm zu zeigen, dass Sie da sind. So sehen Sie, dass Ihrem Kind nichts Schreckliches geschieht, und Ihr Kind lernt, dass es nicht verlassen worden ist.

Bei der klassischen Ferber-Methode wird eine Zeit von fünf Minuten angegeben, die ein Elternteil am ersten Trainingsabend nach dem ersten Verlassen des Zimmers abwarten soll, bevor er für zwei bis drei Minuten nach dem Kind schaut und ihm zeigt, dass die Eltern noch da sind. Sind die zwei Minuten, in denen das Zimmer wenig beleuchtet oder dunkel bleiben soll, vorüber, verlässt Vater oder Mutter das Zimmer wieder. Die nun folgenden Wartezeiten werden nach der klassischen Ferber-Methode um je fünf Minuten pro Abschnitt und pro Trainingstag erhöht.

- Wartezeiten des 1. Tages: 5, 10, 15 Minuten. Dies ist der Höchstwert für den ersten Tag. Schreit das Kind auch weiterhin, so soll die Länge der nachfolgenden Wartezeit nicht weiter gesteigert werden. Die benötigten weiteren Wartezeiten sollen jeweils nur 15 Minuten an diesem ersten Tag betragen.

- Wartezeiten des 2. Tages: 10, 15, 20 Minuten. Die Höchstzeit des zweiten Tages, die an diesem Tag nicht überschritten werden soll, beträgt 20 Minuten.

- Wartezeiten des 3. Tages: 15, 20, 25 Minuten. Die Höchstzeit des dritten Tages beträgt 25 Minuten.

- Wartezeiten des 4. Tages: 20, 25, 30 Minuten usw.

Oft wird mir die Frage gestellt: „Welcher Elternteil soll die Ferber-Methode anwenden? Soll es stets derselbe Elternteil sein, oder sollen Vater und Mutter sich abwechseln?" Es ist gut, wenn beide Eltern daran teilnehmen. Dann lernt das Kind, dass Vater und Mutter gleich gut für es sorgen können. Es wird nicht versuchen, einen Elternteil gegen den anderen auszuspielen durch Sätze wie: „Du nicht, Mutti soll kommen!" Ein wenig hängt die Entscheidung darüber, wer das Training durchführt, aber auch von der beruflichen Belastung und von der psychischen Belastbarkeit der Elternteile ab. Entscheiden Sie, wer es zeitlich durchführen kann und wer von Ihnen beiden es sich zutraut, nicht Opfer von falschem Mitleid zu werden.

Es kann durchaus ratsam sein, mit dem Umgewöhnungsprogramm an einem ruhigen Wochenende zu beginnen, keinesfalls an Tagen, die für Sie viel Stress bringen oder wichtige Entscheidungen fordern.

Wie müssen Sie vorgehen, wenn Sie Ihrem mindestens sechs Monate alten Kind beibringen wollen, ohne Ihre Hilfe allein in seinem Bettchen einschlafen zu können?

Jedes Mal, wenn Ihr Kind einschlafen soll – abends, nachts, aber auch tagsüber – müssen Sie es allein und noch wach in sein Bettchen legen und dürfen ihm ab sofort nicht mehr die erwartete Einschlafhilfe geben. Sie verlassen das Zimmer für wenige Minuten.

Sie werden mit einem lieben Gute-Nacht-Wunsch und dem Hinweis, dass Ihr Kleines jetzt allein in seinem Bettchen einschlafen wird, das Zimmer verlassen. Sicherlich können Sie sich vorstellen, dass Ihr Kind diese plötzliche Veränderung nicht ohne Protest hinnehmen wird. Es liegt nun in seinem Bett, versteht die Welt und seine Eltern nicht mehr und schreit. Was tun Sie jetzt?

Sie sollen – auch wenn es ganz schwer fällt – wenige Minuten außerhalb des Zimmers warten und, falls Ihr Kind dann noch weint, was ganz natürlich ist, nach der in Ihrem Plan festgelegten Zeit (siehe Seite 66), zum Beispiel nach einer oder zwei Minuten für maximal zwei Minuten ins Kinderzimmer zurückkehren.

Da Ihr Kind weinen wird, gehen Sie nach den festgelegten Minuten für zwei Minuten in das Zimmer, reden ruhig mit Ihrem Kind, geben ihm aber nicht die erwarteten Einschlafhilfen.

Sie können sich dabei überzeugen, dass es Ihrem Kind noch gut geht. Indem Sie ein paar Sätze sprechen, können Sie dem Kind zeigen, dass Sie da sind. Nehmen Sie Ihr Kind nicht aus seinem Bettchen und schmusen Sie bitte nicht mit ihm. Wenn das Verlangen auch noch so groß ist, streicheln Sie bitte Ihren kleinen Schatz nicht zum Trost. Sagen Sie mit möglichst ruhiger leiser Stimme wenige liebe Sätze. Sagen Sie Ihrem Kind zum Beispiel, dass doch alles gut ist, dass Sie es ganz lieb haben und Sie ihm nur helfen wollen, jetzt bald allein in seinem Bettchen

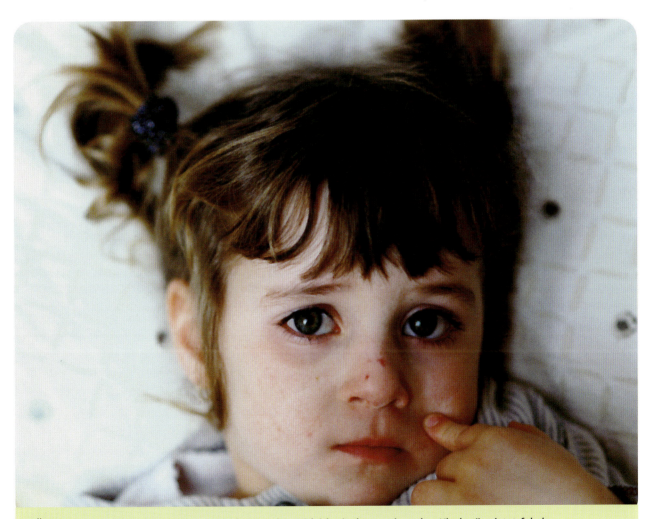

Überzeugen Sie sich, dass es Ihrem Kind gut geht. Mitleid mit dem weinenden Kind wäre jetzt falsch.

einschlafen zu können. Sagen Sie ihm, dass es nun schon groß genug ist, um das Einschlafen ganz allein zu schaffen, Sie aber in der Nähe sind und gut auf es aufpassen werden.

Vielleicht legen Sie sich zwei oder drei kleine Sätze zurecht, die Sie immer, wenn Sie für zwei Minuten zu Ihrem Kind gehen dürfen, leicht und gleichmäßig mit ruhiger Stimme zu Ihrem Kind sagen können. Das ist besser, als wenn Sie im Kinderzimmer verzweifelt nach Worten suchen. Außerdem erkennt ihr Kleines den Gleichklang des Gesagten, was beruhigend wirkt.

Sie verlassen das Zimmer wieder für die Länge der zweiten Wartezeit. Danach gehen Sie erneut für zwei Minuten zu Ihrem Kind, sprechen mit ihm, nehmen es aber nicht aus seinem Bettchen.

Bitte verlassen Sie das Kinderzimmer nach diesen zwei Minuten wieder und warten erneut einige Minuten ab. Ihr Kind wird entweder weiter weinen oder sogar zornig schreien. Versuchen Sie selbst ruhig zu bleiben oder es zu werden. Diese ersten Übungen sind für Eltern und Kind psychisch sehr belastend. Lenken Sie sich ab, tun Sie sich selbst etwas Gutes, während Sie abwarten.

> ### Tipp
>
> Benutzen Sie bitte als Anzeige für die durchzuhaltende Wartezeit keine Zeitschaltuhr, die nach der eingestellten und abgelaufenen Minutenzahl klingelt. Ihr Kind wird sich dann nämlich, besonders wenn es schon etwas älter ist, anstrengen, wach zu bleiben und auf das Zeichen zu warten, weil es erfahren hat, dass Sie nun kommen werden. Benutzen Sie stattdessen eine tonlose Sanduhr oder Eieruhr.

Das weitere Verhalten des Kindes hängt sehr von seinem Temperament und seiner Willensstärke, allerdings auch von seiner Müdigkeit ab. Schreit Ihr Kind weiter – was in den ersten Tagen zu erwarten ist –, so wiederholen Sie das gerade beschriebene Vorgehen mehrmals, wobei Sie die Wartezeiten bis zum erneuten Hineingehen ins Kinderzimmer so ansteigen lassen, wie Sie es zuvor für sich und Ihr Kind als durchführbar festgelegt haben. Zwischen allen Wartezeiten gehen Sie für maximal zwei Minuten zu Ihrem Kind.

Manche Eltern fragen, ob sie dieses Training ihren Nachbarn zumuten dürfen? Ich meine ja, doch kann es sinnvoll sein, Mitbewohner des Hauses davon zu unterrichten, dass sie das Kind in den nächsten Tagen wahrscheinlich häufiger als gewohnt weinen, vielleicht sogar sehr wütend schreien hören werden. Erklären Sie die Ursache und sagen Sie, dass Sie hoffen, in wenigen Tagen werde sich wieder alles normalisieren. Störungen, mit denen man rechnet, stören weniger!

Halten Sie sich noch einmal genau vor Augen, welche Einschlafhilfen Ihr Kind bisher gebraucht hat. Genau diese Hilfen soll es nun nicht mehr bekommen, damit es lernen kann, unter den Bedingungen einzuschlafen, die es nachts in seinem Bettchen vorfindet, wenn es ganz normal kurz aus seinem Schlaf auftaucht.

Es soll einschlafen können ohne Brust der Mutter, ohne Flasche, ohne Schaukeln, ohne Musik, ohne Streicheln, ohne … ohne … ohne …, einfach nur in seinem Bettchen liegend mit einem Schmusetier oder Schmusetuch in erreichbarer Nähe. Sie nehmen Ihrem kleinen Liebling einiges weg, aber Sie werden ihm in den nächsten Tagen auch etwas Besonderes schenken: Ihr Kind wird erfahren, dass es bei Ihnen geborgen ist und dass es Ihnen vertrauen kann. Sie werden zuverlässig da sein, auch wenn Sie ihm für eine begrenzte Zeit nicht körperlich nahe sind.

In diesen schwierigen Tagen des Umlernens können Sie Ihrem Kind helfen, wenn Sie

Was Sie tun können

Fördern Sie bei Ihrem Kind die Freude an Bewegung und an kreativem Spiel.

- dafür sorgen, dass es zu all seinen Schlafenszeiten richtig müde ist. Je fröhlicher und aktiver Sie seine Wachphasen gestalten, desto leichter und schneller wird es in seinen Schlaf finden, wenn Sie es in sein Bettchen legen. Ältere Kinder drücken diesen Zustand manchmal mit Worten aus wie: „Ich bin richtig schön müde!"

- möglichst regelmäßige Schlafens- und Essenszeiten einhalten. Sie wissen bereits, dass Ihr Kind sich wohler fühlt, wenn sein Tag durch feste Orientierungspunkte überschaubar ist.

- all die lieb gewordenen Erlebnisse, wie Schaukeln, den Rücken klopfen, Musik hören, Schmusen, Mutters Duft wahrnehmen und vieles mehr keineswegs streichen, sondern ihnen an einer anderen Stelle des Tages ihren Platz geben. Gewähren Sie diese kleinen Genüsse Ihrem Kind bitte in einem klaren zeitlichen Abstand zum Ins-Bett-gelegt-Werden!

- das bereits eingeführte Abendritual sehr zuverlässig stattfinden lassen, sein Ende mit deutlichen Worten benennen und das ins Bettchen-gelegt-Werden und Einschlafen als neue Handlung herausheben.

Auch wenn Sie dies alles getan haben, ist es ganz normal, dass Ihr Kind während der Umgewöhnung

Was Sie tun können

Auch das Zähneputzen gehört schon für die Kleinen zum Abendritual.

weinen wird, wenn es merkt, dass Sie das Zimmer verlassen haben und nicht sofort zurückkehren. Denken Sie daran, dass Sie dieses aushalten wollen!

Bevor Sie mit diesem Programm anfangen, sollten Sie sich gut überlegen, wie lange Sie das Weinen Ihres Kindes ertragen können, ohne vorzeitig zurück ins Zimmer zu gehen. In der Regel überschätzen Eltern in einem Beratungsgespräch ihre Toleranzschwelle. Sie glauben, eine Viertelstunde halten sie es schon aus.

Meine Erfahrung geht eher dahin, dass solch lange Wartezeiten, wie sie bei diesen Fünf-Minuten-Schritten der klassischen Ferber-Methode vorgegeben sind, nicht nur schwer zu ertragen sind, sondern auch zum Streit zwischen den Elternteilen führen können.

Überschätzen Sie Ihre Toleranzschwelle hinsichtlich des Schreiens Ihres Kindes nicht! Da Ihr Durchhaltevermögen in den Tagen des Trainings auf eine harte Probe gestellt wird, sollten Sie meiner Meinung nach eher den Weg der kleinen Schritte gehen (siehe nachfolgende Tabelle), den Dr. Ferber all jenen Eltern empfiehlt, die sich nicht vorstellen können, mehrere Tage und Nächte hintereinander ihr Kind immer wieder bis zu 35, 40 oder gar 45 Minuten schreien zu lassen.

Machen Sie sich klar, dass jede nicht eingehaltene Ankündigung einer von Ihnen geforderten Verände-

Die Methode der kleinen Schritte

Anzahl der Minuten, die Sie abwarten sollen, bevor Sie kurz bei Ihrem Kind hineinschauen

	Wenn Ihr Kind noch weint			
	1. Wartezeit	2. Wartezeit	3. Wartezeit	alle nachfolgenden Wartezeiten
1. Tag	1 Min.	2 Min.	3 Min.	5 Min.
2. Tag	2 Min.	4 Min.	6 Min.	8 Min.
3. Tag	3 Min.	5 Min.	7 Min.	10 Min.
4. Tag	5 Min.	7 Min.	10 Min.	15 Min.
5. Tag	7 Min.	10 Min.	15 Min.	20 Min.
6. Tag	10 Min.	15 Min.	20 Min.	25 Min.
7. Tag	15 Min.	20 Min.	25 Min.	30 Min.

(nach Ferber, 1994)

rung dazu beitragen wird, den alten Zustand der falschen Einschlafregeln bei Ihrem Kind zu verfestigen. Es zahlt sich meist nicht aus, wenn man sich zu viel auf einmal vornimmt und schon im Voraus ahnt, dass das nicht zu schaffen ist.

Wenn Sie nicht exakt diesem Modell folgen wollen, dann erstellen Sie sich bitte Ihre eigene Zeittabelle, bevor Sie mit dem Training beginnen. Die ansteigende Länge der Wartezeiten bei jedem Einschlafen-Sollen (tags, abends oder nachts) sowie von einem Tag zum nächsten sollen unbedingt gewahrt bleiben.

Es ist möglich, auch dann mit der Ferber-Methode Erfolg zu haben, wenn Sie ab dem fünften Tag bei den Wartezeiten des vierten Tages bleiben. Das Kind wird dann maximal 15 Minuten weinen, bevor Sie wieder zu ihm gehen.

Es ist nicht gut zu sagen: „So ähnlich werde ich es schon machen" und sich keinen festen Plan zu erstellen. Sie werden erleben, dass Sie recht unterschiedliche Wartezeiten einhalten werden, je nachdem in welcher nervlichen Verfassung Sie gerade sind.

Ein Plan, der bei jedem Einschlafen-Sollen gleich abläuft, wird schon nach kurzer Zeit Ihrem Kind eine Hilfe beim Lernen sein. Es wird schnell einsehen, dass ein besonders lautes Schreien die Mutter nicht schneller an sein Bettchen bringt. Bei einem etwas älteren Kind sollten Sie sogar die Zeit, die Sie im Kinderzimmer verbringen, abkürzen, wenn Sie erleben, dass Ihr kleiner Schatz dann erst richtig zornig loslegt.

Sie werden bei der Erziehung Ihres Kindes häufig erleben, wie konsequentes Verhalten der Eltern

Lassen Sie sich vom zornigen Schreien Ihres Kindes weder erweichen noch wütend machen.

Aber es gibt auch jene Kinder, die nicht so schnell aufgeben, die schrecklich wütend werden können und sich so sehr in ihr Schreien steigern können, dass sie erbrechen müssen.

Bewahren Sie Ruhe, Ihr Kind ist nicht krank und dieses Erbrechen aus Übererregtheit und Zorn wird ihm nicht schaden. Gehen Sie bitte möglichst ruhig ins Zimmer, reinigen Sie das Kind und – soweit unbedingt nötig – das Bettchen und legen Sie das Kind wieder hin. Sie sollten möglichst wenig Licht machen und nur wenige beruhigende Sätze wie: „Es ist ja gut, ich bin ja da. Jetzt wirst du wieder schlafen" sagen. Bedauern Sie Ihr Kind nicht! Und zeigen Sie nicht, dass Sie wütend sind, wenn Sie es denn sind!

Höchstwahrscheinlich wird Ihr Kind noch weinen, wenn Sie sein Zimmer wieder verlassen. Sicher werden Sie ganz stark den Wunsch spüren, dieses Weinen sofort zu beenden, und Sie werden sehr versucht sein, von Ihren Vorsätzen abzuweichen. Bitte machen Sie sich jetzt noch einmal klar, warum Sie zu Ihrem Kind gegangen sind:

Sie wollen mit Ihrem kurzen Erscheinen das Kind und sich selbst beruhigen, dem Kind zeigen, dass Sie noch da sind und selber sicher sein, dass es dem Kind gut geht. Sie wollen dem Kind aber nicht beim Einschlafen helfen, denn es soll ja jetzt lernen, allein in seinem Bettchen einzuschlafen.

Wie viele Wartezeiten Sie am ersten oder zweiten Übungstag durchstehen müssen, lässt sich nicht vorhersagen. Gehen Sie das Risiko ein und probieren Sie es aus. Viele Eltern sind überrascht, wie schnell ihr Kind ein neues Einschlafverhalten annimmt.

Wenn Ihr Kleines später in der Nacht erwacht und Ihr Erscheinen und die gewohnten Hilfen zum Wiedereinschlafen fordert, müssen Sie bitte wieder nach dem Schema vom Abend vorgehen, das heißt:

Beim nächtlichen Aufwachen lassen Sie Ihr Kind wieder einige Minuten schreien, dann gehen Sie ruhig

schnell dazu führt, dass das Kind sich bereitwillig fügt. Und so verwundert es gar nicht, dass viele Eltern berichten, sie hätten schon am zweiten oder dritten Trainingstag nur noch eine zweite Wartezeit gebraucht. Das Weinen sei in Quengeln übergegangen und das Kind sei eingeschlafen. Eine solche Familie hat meist nach einer Woche kein Schlafproblem mehr!

Was Sie tun können

Aktivität nach einem ausgefallenen Tagesschläfchen führt zu so großer Müdigkeit, dass das Einschlafen ohne fremde Hilfe leicht fallen wird.

ins Zimmer, reden kurz mit dem Kind und verlassen das Zimmer nach ein bis zwei Minuten wieder, ohne dem Kind die geforderte Einschlafhilfe gegeben zu haben. Das Schema setzen Sie nach Ihrem Plan fort, bis das Kind allein eingeschlafen ist.

Auch bei den Tagesschläfchen sollten Sie nach Ihrem Schema vorgehen. Wenn Ihr Kind aber nach etwa einer Stunde noch nicht zur Ruhe gekommen ist, nehmen Sie es bitte auf. Das Tagesschläfchen ist damit beendet.

Beschäftigen Sie sich in der Zeit nach dem ausgefallenen Tagesschläfchen liebevoll mit Ihrem Kind. Nach einer gewissen Wachphase wird Ihr Kleines so müde sein, dass es nun schneller in seinen Schlaf findet. Vielleicht erleben Sie sogar, dass es plötzlich auf seiner Krabbeldecke eingeschlafen ist. Warten Sie, bis es fest schläft, und legen Sie es dann in sein Bettchen.

5. Stufe: Kleine Veränderungen wahrnehmen als das, was sie sind, nämlich kleine Teilerfolge

Kleine Teilerfolge sind Schritte, die den endgültigen Erfolg bringen! Führen Sie an jedem Tag des Trainings ein Schlafprotokoll. So können Sie bereits kleine Veränderungen bemerken (beispielsweise benötigen Sie von Tag zu Tag immer weniger Wartezeiten oder das Schreien Ihres Kinder nimmt an Länge und Heftigkeit ab), die Ihnen Mut machen und die Kraft geben, noch ein paar Tage konsequent durchzuhalten. Bauen Sie sich dadurch auf, dass Sie sich vorstellen, wie wohl Sie alle sich in wenigen

Beschäftigen Sie sich nach einem ausgefallenen Tagesschläfchen intensiv mit Ihrem Kind, so wird es nach einer gewissen Wachphase so müde sein, dass es schneller in seinen Schlaf findet.

Tagen fühlen werden, wenn Ihr Kind sehr gut schlafen kann.

Eltern, die das autogene Training beherrschen, nennen manchmal die Minuten, die sie abwarten, während ihr Kind weint, „meine Entspannungszeit". Entspannen Sie bei Ihrer Lieblingsmusik oder schauen Sie in eine interessante Zeitschrift, denn das lenkt ab.

6. Stufe: Den endgültigen Erfolg kontrollieren und genießen

Wenn Sie Ihr Ziel erreicht haben, schauen Sie sich das erste Schlafprotokoll, das Sie geschrieben haben, noch einmal an und vergleichen Sie es mit Ihrem letzten. Mächtig stolz dürfen Sie auf sich und Ihren guten Schläfer nun sein! Ich glaube, Ihnen wird schon etwas richtig Tolles einfallen, um diesen Erfolg zu feiern!

Der Schnuller – Hilfe oder Problem?

Junge Kinder saugen gern, das sagt uns schon der Begriff „Säugling". Viele Eltern fragen sich nach der Geburt ihres Kindes: „Geben wir dem Kleinen einen Schnuller oder tun wir dies besser nicht? Ist der Nuckel eine jener Einschlafhilfen, die zu Schlafproblemen führen werden?" Diese Frage, so glaube ich, lässt sich weder bejahen noch verneinen. Es gibt Babys, die schon recht früh einen Schnuller angeboten bekommen und wunderbar damit schlafen. Fällt er ihnen im tiefen Schlaf aus dem Mund, so vermissen sie beim normalen kurzen Wachwerden in der Nacht nichts. Sie schlafen wieder ein, obwohl sie noch zu jung sind, um den Schnuller zu suchen und ihn sich in den Mund zu stecken. Einschlafen ist bei diesen Kindern dann auch ohne Schnuller möglich.

Aber es kommt auch vor, dass das Kind nicht allein einschlafen kann, wenn es wach wird und seinen Schnuller nicht mehr im Mund hat. Dann wird es schreien und die Mutter wecken. Geschieht dies mehrmals in jeder Nacht, so liegt ein Schlafproblem vor, denn der Schlaf der Mutter wird arg gestört. Und was ist dann zu tun?

Mir fallen zwei Lösungswege ein:

1. Sie verändern etwas, damit Ihr Kleines seinen Schnuller in der Regel nicht verliert.
2. Sie lehren Ihr Kind, am Abend ohne Schnuller einzuschlafen.

Die erste Möglichkeit lernte ich als junge Ärztin bei einer erfahrenen Kinderschwester in einer Kinderklinik kennen. Wurde ein kleiner Patient in die Klinik aufgenommen, der gewohnt war, mit einem Schnuller zu schlafen, so zog die Schwester eine Ecke eines größeren Frottier- oder dickeren Mullwaschlappens oder eines kleinen Gästehandtuches durch den Ring des Nuckels und gab dem Kind den Schnuller. Ein solches Tuch, das neben der Wange des Säuglings liegt und diesen wirklich nicht stört oder gefährdet, verhindert, dass der Schnuller während des tiefen

Wer abends mit Nuckel einschläft, kann beim kurzen nächtlichen Erwachen oft auch ohne Nuckel wieder einschlafen.

Schlafes aus dem Mund des Kindes fällt. Taucht der Säugling nachts aus seinem Schlaf kurz auf, spürt er den Sauger und wird ihn schnell mit seinen Saugbewegungen wieder an den richtigen Platz befördern. Die Hilfe der Schwester oder zu Hause der Mutter wird er nicht brauchen.

Ein Lappen durch den Ring des Nuckels gezogen, hilft ...

Was Sie tun können

Gegen Ende des ersten Lebensjahres kann sich das Kind den Schnuller selbst in den Mund stecken. Es ist vielleicht ratsam, einen zweiten (oder auch dritten) Schnuller ins Bettchen zu legen, damit das Kleine einen solchen schnell finden wird.

Gegen einen Schnuller zum Schlafen habe ich wenig einzuwenden. Nicht gutheißen kann ich es, wenn ein Kind seinen Schnuller fast den ganzen Tag im Mund hat. Das stört nicht nur die Zahnentwicklung und erschwert eine klare Aussprache, sondern wird auch dazu führen, dass das älter gewordene Kind sich nicht von seinem Schnuller trennen will.

Aber auch der nur nachts benötigte Schnuller sollte meines Erachtens gegen Ende des dritten Lebensjahres verschwinden. Das ist leichter gesagt als getan, mögen Sie jetzt denken. Ich weiß aus der Erfahrung mit meinen kleinen Patienten und den eigenen Kindern, dass das Entwöhnen sehr gut gelingt, wenn man das Kind davon überzeugen kann, dass es den Schnuller eigentlich nicht mehr braucht, es aber nicht drängt, ihn herzugeben.

Fallbeispiel Sebastian

Als mein jüngster Sohn, ein begeisterter Schnullerschläfer, drei Jahre alt war, sah ich ein ziemlich großes Problem auf mich zukommen, weil der innig geliebte Schnuller aus einem Spanienurlaub stammte und eine deutlich andere Form aufwies als deutsche Exemplare. Sebastian lehnte jeden anderen Nuckel ab. Nun begann das gute alte Stück langsam klebrig zu werden, und es war abzusehen, dass es nicht mehr lange halten würde.

An einem Abend saß ich mit den Kindern am Fenster und schaute hinaus in den verschneiten Garten. Ganz leise waren wir, um den ausklingenden Tag wahrzunehmen. Plötzlich fragte Sebastian, seinen Schnuller schon in der Hand: „Mami, warum schreit der kleine Vogel da draußen so laut?" Ohne lange zu überlegen, antwortete ich: „Weil er keinen Nuckel hat."

Erstaunte Stille herrschte bei allen drei Kindern, ehe der fünfjährige Bruder sagte: „Gib ihm doch deinen!" Es folgte ein kurzes Überlegen und dann sagte Sebastian: „Ja, mach Fenster auf." In hohem Bogen flog der Schnuller in den Garten.

Sebastian schlief tatsächlich ohne Schnuller ein, nachdem ihn die Geschwister darauf hingewiesen hatten, dass der kleine Vogel ruhig geworden war. Und als auch am nächsten Morgen kein Schnuller im Garten zu finden war, war unser Kleiner plötzlich ein ganz Großer geworden, der seither ohne die Hilfe des Schnullers schlafen konnte.

Viele Patienteneltern haben sich anregen lassen, eigene Wege zu finden, durch die ihr Kind fast freiwillig seinen Schnuller hergab.

Wenn Sie aber Ihr Kleines, das in den letzten Monaten mit Schnuller geschlafen und Sie recht oft geweckt hat, weil es den Schnuller vermisste, lehren wollen, ohne Schnuller schlafen zu können, so gehen Sie bitte nach dem Prinzip der Ferber-Methode (siehe Seite 44 und 66) vor.

Geben Sie Ihrem Kleinen am Abend zum Einschlafen keinen Schnuller mehr. Sie müssen damit rechnen, dass es zunächst weinen wird.

Gehen Sie nach ein oder zwei Minuten zu Ihrem kleinen Schatz und beruhigen Sie ihn mit lieben Worten oder auch mit ein wenig Streicheln. Wird das Weinen des Kindes zornig laut, so verlassen Sie bitte sofort ohne Kommentar das Zimmer. Wenn das Weinen leiser oder aus dem Weinen Quengeln wird, so verlassen Sie das Zimmer nach etwa ein bis zwei Minuten.

Warten Sie wieder einige Minuten ab, ehe Sie, falls überhaupt nötig, noch einmal zu Ihrem Kind gehen. In der Regel benötigen die Eltern nur an wenigen Tagen wenige Wartezeiten und der Schnuller ist vergessen. Ihr Kind wird fortan auch ohne diese Hilfe gut einschlafen können.

Nachtmahlzeiten – nicht auf Dauer

Ist Ihr Kind noch sehr jung, so können Sie sich vielleicht kaum vorstellen, dass nächtliches Füttern eine Ursache für ein Schlafproblem sein kann. Wahrscheinlich stillen oder füttern Sie Ihr Kleines gern und genießen es, wenn es wohlig entspannt an Ihrer Brust einschläft. Das sei Ihnen und dem Kind gegönnt. Ist Ihr Kleines aber etwa vier Monate alt und steigt sein Gewicht an, so braucht es keine Nachtmahlzeit mehr. Nun sollte das Kind langsam lernen, in der Nacht sechs, acht oder auch zehn Stunden zu schlafen, ohne Ihre Hilfe zu benötigen.

Ist ein Kind aber älter geworden und stört den Schlaf seiner Eltern in jeder Nacht, weil es sich angewöhnt hat, einen Teil seiner Nahrung auch jetzt noch in den Nachtstunden zu sich zu nehmen, dann kann dieses Schlafverhalten für die Eltern, besonders für die Mutter, zu einem wirklichen Problem werden.

Sicher werden Sie verstehen, dass ein plötzliches Verweigern der Nachtmahlzeit dem Kind weder gut tut noch dieses von ihm akzeptiert werden kann. Das Kind wird den zur falschen Zeit auftretenden Hunger spüren und nicht wieder einschlafen können.

Wenn Sie den Störfaktor Nachtmahlzeit ausschalten wollen, sollten Sie zunächst einmal klären, ob Ihr Kind

- das Nuckeln als Einschlafhilfe braucht (dann ist die Trinkmenge sehr klein),

- ob die Angewohnheit, nachts größere Mengen Nahrung aufzunehmen, das Kind schlecht schla-

Ein gesundes Kind dieses Alters mit einem normalen Gewicht braucht nachts keine Flasche mehr.

Was Sie tun können

fen und immer wieder aufwachen lässt (Verdauungsprobleme und häufig sehr nasse Windel) oder ob

- gar beides zutrifft.

Große Trinkmengen in der Nacht erfordern eine rege Verdauungstätigkeit und bewirken die Produktion einer großen Urinmenge. Ihr Kind wird also in jeder Nacht ganz natürlich sehr häufig sehr nass werden, was den Schlaf beeinträchtigen kann.

Fordert Ihr Kind nur eine Scheinmahlzeit, das heißt, es benötigt das Saugen als Einschlafhilfe, dann gehen Sie bitte nach dem Schema der Ferber-Methode vor, das im Kapitel „Der Sechs-Stufen-Weg zum guten Schlaf" (ab Seite 60) beschrieben ist.

Stört die übermäßige Flüssigkeitszufuhr den Schlaf Ihres Kindes, so gehen Sie in den ersten Tagen des Umgewöhnens folgenden Weg der kleinen Schritte:

- Ihr Kind wird, wie gewohnt, nachts wach und fordert seine Flasche oder die Brust. Bieten Sie dem Kind in der ersten Übungsnacht 30 ml weniger Flüssigkeit in der Nachtmahlzeit-Flasche als sonst üblich an. Versuchen Sie gleichzeitig, die Zeit zwischen den einzelnen Nachtmahlzeiten zu verlängern, falls möglich um etwa 30 Minuten hinauszögern, denn die Nachtmahlzeiten Ihres Kindes sollen langsam in den Tag verschoben werden.

- Wenn Sie stillen, legen Sie das Kind von Tag zu Tag bei den Nachtmahlzeiten eine Minute kürzer an und hören sofort auf zu stillen, wenn das kräftige Saugen in Nuckeln übergeht. Legen Sie dann das Kind noch wach in sein Bett. Wenn es weint, streicheln Sie es ein wenig, nehmen Sie es aber bitte nicht mehr aus dem Bett, schaukeln oder wiegen Sie es nicht.

- Beim Flaschenkind verringern Sie die Flüssigkeitsmenge in der Flasche in jeder weiteren Nacht um jeweils 30 ml. Versuchen Sie nach den ersten Umgewöhnungstagen Ihr Kind ohne die Flasche zu beruhigen. Es mag sein, dass Ihr Kleines durch Ihr sanftes Reden oder Reiben der Schulter schon ruhig wird und einschläft. Einige Kinder verzichten sehr schnell auf das Fläschchen in der Nacht, andere kämpfen lange darum. Dann kann es sinnvoll sein, die unbedingt geforderte Trinkmenge gehaltlich zu verändern, indem Sie die Milch immer dünner anmischen. Nach einigen Tagen trinkt ihr Kind dann nur noch Wasser. Dadurch bauen Sie das Hungergefühl zur Nachtzeit ab. Jetzt verringern Sie von Nacht zu Nacht die Trinkmenge und werden erleben, dass Ihr Kind bald kein Fläschchen mehr braucht.

Unregelmäßige oder unangemessene Tagesabläufe und verschobene Schlafzeiten als Ursachen für Schlafstörungen

Wenn wir von Schlafstörungen sprechen, meinen wir nicht den durch Unruhe und Schmerzen gestörten Schlaf eines akut kranken Kindes. Sie werden schnell erkennen, dass das beispielsweise hoch fiebernde Kind, welches große Teile der Nacht wach verbringt und Ihre Nähe braucht, während es am Tag auffallend lange schläft oder in einem Dämmerzustand verharrt, nicht eine gewohnheitsmäßige Schlafstörung entwickelt hat, sondern durch ein akutes Geschehen in seinem Körper besonders nachts am Schlafen gehindert wird. Tags wird es, da das Fieber dann meist etwas absinkt, erschöpft mehr schlafen, als es in gesunden Zeiten zu schlafen gewohnt ist.

Jede akute Krankheit kann das Schlafmuster eines Kindes eine Zeit lang durcheinander bringen. Diese Störung des Schlafes wird schwinden, wenn das Kind genesen ist. Doch kommt es manchmal vor, dass nach einer Krankheit oder einem Urlaub, einer zeitlich begrenzten Veränderung oder Belastung des Familienlebens das Kind eine die Eltern störende Schlafbesonderheit beibehält, sodass nun eine

Schlafstörung entstanden ist, denn es leidet jemand unter dem Schlafverhalten des Kindes.

Sehen wir uns einmal die Schlafstörungen an, die dadurch verursacht werden, dass es im Tagesablauf keine Ordnung oder einen falschen Rhythmus gibt.

Sie haben bereits gehört, dass viele Abläufe in unserem Körper einem biologischen Rhythmus unterworfen sind und dass wir uns nur dann richtig wohl fühlen, wenn diese Rhythmen ungestört und regelmäßig ablaufen können und mit dem Tag-Nacht-Rhythmus übereinstimmen.

Oft nehmen Eltern gar nicht wahr, wie unregelmäßig der Tagesablauf Ihres Kindes ist.

Beispiel
Die Familie ist kontaktfreudig und aktiv, und niemand merkt, dass das Kind eigentlich ein rechtes Nomadenleben führt: Sind die Eltern mehrmals in einer Woche eingeladen, schläft es oft in fremden Schlafzimmern ein und vielleicht später im Auto weiter, bevor es noch in derselben Nacht ins eigene Bett umziehen wird. Oder es bleibt abends sehr lange mit seinen Eltern auf, weil zu Hause Trubel herrscht. Völlig übermüdet schläft es irgendwann irgendwo ohne abendliches Waschen und Umkleiden und ohne ein Schlafritual ein und wacht am nächsten Tag erst gegen Mittag auf. Verständlicherweise wird es dann sein übliches Mittagsschläfchen nicht halten können, sondern erst am Nachmittag in einen längeren Schlaf fallen. Darf es die Eltern dann wundern, wenn das Kind nun, da sie einmal nichts vorhaben, keineswegs um 20.00 Uhr wieder schlafen kann? Es ist doch vielleicht erst um 18.00 Uhr aufgewacht!

Natürlich möchte ich Ihnen nicht raten, dass Sie auf jedes gesellschaftliche Leben verzichten sollen, aber alles soll sein Maß haben. Außerdem können Sie ihr Kleinkind daran gewöhnen, dass ein Babysitter da sein wird, wenn die Eltern ausgehen. Dann wird Ihr Kind, wenn es nachts kurz aus seinem Schlaf auftaucht, seine ihm bekannte Umwelt vorfinden und kann schnell wieder einschlafen.

Zeigt Ihr Kind Schlafgewohnheiten unter denen Sie leiden, haben diese aber nichts oder ursprünglich nichts mit einem Nicht-ohne-Ihre-Hilfe-einschlafen-Können zu tun, so schauen Sie sich einmal eine Woche lang die Tagesabläufe Ihres Kindes ganz genau an. Führen Sie Protokoll und betrachten Sie Ihre Aufzeichnungen kritisch:

- Schläft Ihr Kind täglich lange genug innerhalb von 24 Stunden?

- Zeigt Ihr Kind einen guten Tag-Nacht-Rhythmus mit einer langen Nachtschlafphase und Wachphasen, die nur von kürzeren Tagesschläfchen oder einem Mittagsschlaf unterbrochen werden?

- Stimmt der Schlaf-Wach-Rhythmus Ihres Kindes mit den Tag-Nacht-Zeiten überein? Oder befindet sich Ihr Kind gerade in einer Wachphase, wenn Sie es für einen Nachtschlaf ins Bett legen wollen? Wie soll es dann schlafen können?

- Oder haben Sie Ihrem Kind gar Hilfen angeboten (es herumgetragen und gewiegt), da es nicht zu der Zeit schlafen konnte oder wollte, zu der Sie es sich wünschten, und haben Sie damit ein zweites Problem, dass es nicht allein ohne Hilfe im eigenen Bett einschlafen kann, sozusagen noch zusätzlich anerzogen?

Wo auch immer Sie eine Störung ahnen, vertrauen Sie darauf, dass Sie diese beseitigen können! Ich werde Ihnen anhand von Fallbeispielen zeigen, wie Sie dieses schaffen.

Die meisten Kinder benötigen die auf Seite 29 für ein bestimmtes Alter angegebenen Schlafzeiten. Kinder, die sehr viel weniger oder sehr viel mehr Schlaf brauchen, sind im Säuglings- und Kleinkindalter äußerst selten.

Für Schulkinder und Jugendliche gilt eine Abweichung von bis zu zwei Stunden bei sonst unauffälligem Verhalten des Kindes als noch normales größeres oder kleineres Schlafbedürfnis.

Nehmen wir einmal an, das Schlafprotokoll Ihres Kindes hat gezeigt, dass Ihr Kleines die seinem Alter entsprechende Stundenzahl schläft. Wenn Sie nun aber unter dem Schlafverhalten Ihres Kindes leiden, dann muss sein normaler Schlaf zur falschen Zeit stattfinden. Hat Ihr Kind

- eine frühe Schlafphase,

- eine späte Schlafphase,

- macht Ihr Kind Teile der Nacht zum Tag, weil es völlig verschobene Schlafzeiten hat?

Kinder, die eine frühe Schlafphase zeigen, beginnen meist ihren Nachtschlaf recht früh am Abend. Dies stört die Eltern in der Regel nicht, sondern es wird als angenehm empfunden. Am Morgen haben diese Kinder allerdings dann zu einer Zeit ausgeschlafen, die ihren Eltern gar nicht gefällt. Diese Kleinen wollen ihren Tag um fünf Uhr oder sogar noch etwas früher beginnen und können nicht verstehen, dass ihre Eltern noch gern zwei Stunden in Ruhe schlafen möchten.

Fallbeispiel Veit

Veit, zehn Monate alt, schlief in der Nacht elf bis zwölf Stunden und machte am frühen Vormittag und in der Mittagszeit je ein Tagesschläfchen. Wunderbar, könnte man denken, doch lag Veits Nachtschlaf in der Zeit von 17.30 bis 5.00 Uhr. Mit diesen Schlafzeiten (langer früher Nachtschlaf und zwei Tagesschläfchen) war die Mutter sehr einverstanden, solange der Kleine in den frühen Morgenstunden zwar wach, aber ruhig war, sodass der Vater und der sechsjährige Bruder nicht geweckt wurden. Ihr war es recht, dass der Kleine so früh seine erste Mahlzeit einnahm und sie ihm viel Zeit widmen konnte, bevor sie mit ihrem Mann und dem älteren Sohn frühstückte. Mittags, wenn Veit schlief, hatte sie ungestört Zeit, um mit dem gerade eingeschulten Sohn die Hausaufgaben zu machen. Und es passte ihr gut, dass der Kleine am Abend schon schlief, wenn sie wie seit Jahren ihren Großen mit einem langen Abendritual ins Bett bringen wollte.

Doch in den vergangenen Wochen war Veit ein flinker Krabbler geworden, der sich schon allein aufrichten konnte, manchmal umfiel und dann laut und bitterlich weinte und der auch früh morgens jauchzend seine Spielsachen umherwarf oder fallen ließ. Dadurch wurden der Bruder und oft auch der Vater viel zu früh am Morgen geweckt. Damit die Familie die benötigte Nachtruhe bekommen konnte,

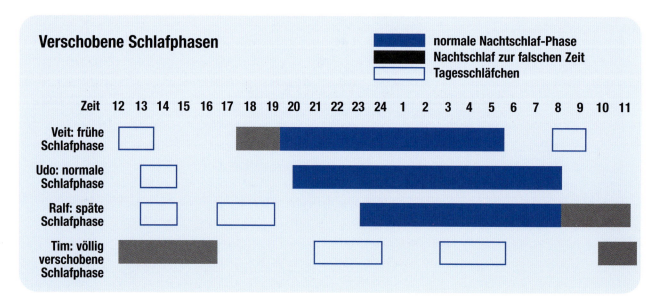

Kleine Frühaufsteher können den Schlaf der übrigen Familienmitglieder manchmal bitter stören.

musste der kleine Frühaufsteher lernen, länger zu schlafen.

Wenn wir uns das Schlafprotokoll von Veit (s. oben) ansehen, fällt auf, dass die Schlafzeiten des Kindes geradezu ideal wären, wenn sie nur alle etwas später liegen würden. Würde Veit um 19.30 Uhr einschlafen, dauerte sein Nachtschlaf wahrscheinlich bis 6.30 oder 7.00, Uhr und seine Tagesschläfchen würden um 10.00 Uhr und um 14.00 Uhr beginnen.

Die Mutter hatte den richtigen Gedanken gehabt, als sie sich bemühte, ihren kleinen Sohn abends wach zu halten, um so seine Nachtschlafphase um ein oder zwei Stunden zu verschieben. Doch war nach zwei Tagen alles nur noch schlimmer: Die Abende waren erfüllt vom Quengeln und Weinen des übermüdeten Kindes, am Morgen wachte Veit zur gewohnten frühen Stunde auf und hielt sein Vormittagsschläfchen nun noch früher. Deshalb baten die Eltern um Hilfe.

Wie konnte diese aussehen? Der gesamte Tagesablauf, nicht nur die Nachtschlafphase des Kindes musste verschoben werden. Da Sie bereits wissen, dass sich unsere Rhythmen nicht plötzlich verändern lassen, werden Sie verstehen, dass ich den Eltern geraten habe, die Mahlzeiten und den Beginn der einzelnen Schlafzeiten von Tag zu Tag um zehn Minuten nach hinten zu verschieben. So konnte Veit sich langsam umstellen. Obwohl sein Nachtschlaf nach zehn Tagen um 19.10 Uhr begann, wachte der Junge zunächst noch kurz nach 6.00 Uhr auf. Es dauerte weitere drei Wochen, bis Veit morgens erst um 7.00 Uhr erwachte und damit seinen Tagesablauf dem seiner Familie angeglichen hatte. Manchmal dauert es eben doch etwas länger, besonders, wenn eine Gewohnheit nicht erst kurz zuvor durch ein besonderes Ereignis entstanden ist.

Fallbeispiel Frauke

Frauke war ein freundliches kleines Mädchen im Alter von 18 Monaten, auf das die Eltern zu Recht stolz waren. Die Kleine hatte schon früh einen guten Tag-Nacht-Rhythmus gezeigt und benötigte nie die Hilfe ihrer Eltern, um einzuschlafen.

Bis vier Monate zuvor war die Welt der kleinen Familie völlig in Ordnung gewesen. Dann begann der Vater eine dreimonatige Fortbildung in einer fernen Stadt. Um sich nicht von der Familie trennen zu müssen, entschied er sich, für diese begrenzte Zeit täglich eine lange Fahrstrecke in Kauf zu nehmen und um 4.30 Uhr aufzustehen. Anfangs freuten sich die Eltern darüber, wenn Frauke früh morgens wach wurde und mit dem Vater noch kurz spielte oder schmuste, bevor er das Haus verließ. Abends schlief die Kleine schon lange, wenn er zurückkam.

Es zeigte sich bald, dass das Kind nicht mehr schlafen wollte, wenn es so früh durch das Aufstehen der

Was Sie tun können

Die Schlafgewohnheiten der einzelnen Familienmitglieder müssen zusammenpassen, wenn alle sich wohl fühlen sollen.

Eltern wach geworden war. Da es Spätsommer und morgens schon hell war, ließ die Mutter zu, dass der Tag für die Kleine so früh begann.

Zu diesem Zeitpunkt war Fraukes Schlafverhalten noch kein Problem für die Eltern. Der Vater war außer Haus und die Mutter gestattete sich ein Nickerchen zwischen 7.30 und 9.00 Uhr, die Zeit, in der Frauke jetzt ihr erstes Tagesschläfchen hielt. Ihr zweites Tagesschläfchen machte Frauke meist von 13.00 bis 14.30 Uhr.

Doch als der Vater wieder einen normalen Arbeitstag am Wohnort hatte, fühlten sich die Eltern durch ihren kleinen Frühaufsteher sehr gestört. Sie versuchten, die Tochter am Abend länger wach zu halten, aber die Kleine war so müde und quengelig, dass dieser Weg nicht die Lösung des Problems bringen konnte.

Betrachten wir Fraukes Tagesablauf: Es fällt auf, dass die Nachtschlafphase des Kindes zu kurz ist. Frauke hält außerdem sehr früh ein Tagesschläfchen. Da diese Verteilung der Schlafphasen erst eingetreten war, nachdem sich der Tag-Nacht-Rhythmus der Eltern durch die Fortbildung des Vaters verändert hatte, war es nicht schwer zu vermuten, dass das frühe Tagesschläfchen der abgelöste Rest von Fraukes Nachtschlaf sein könnte. Dies war sehr viel wahrscheinlicher, als dass Frauke eines der sehr seltenen Kinder war, die in diesem Alter nur einen neunstündigen Nachtschlaf benötigen.

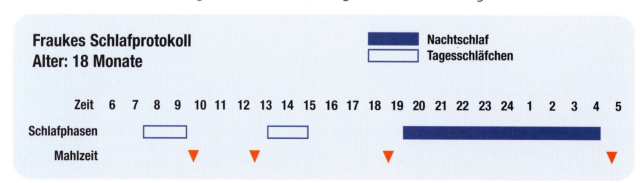

Was Sie tun können

Es galt nun, den Nachtschlaf wieder zu verlängern und das frühe Tagesschläfchen nach hinten zu verschieben. Später wollten wir ausprobieren, ob Frauke mit nur einem Mittagsschlaf auskommen könnte.

Günstig war, dass der Störfaktor (reges Leben in der Wohnung), der das frühe Erwachen einmal ausgelöst hatte, nun nicht mehr bestand. Auch die Jahreszeit kam uns mit ihrer längeren Dunkelheit am Morgen zur Hilfe. Ich sagte den Eltern, dass sie ihr Kind ruhig am Morgen etwa zehn Minuten oder auch etwas länger rufen oder weinen lassen sollten, bevor sie zu ihm gingen. Sie sollten Frauke dann mit leiser Stimme gut zureden, um sie noch ein wenig in ihrem Bett ruhen zu lassen. Erst wenn die Kleine wirklich hellwach schien, sollten sie sie aus dem Bett nehmen.

Meinen Sie, das kann doch nichts werden, denn ich unterschätze das Durchhaltevermögen eines Kleinkindes, das auf einem Gewohnheitsrecht besteht? Nein, Frauke lernte wieder, morgens länger zu schlafen, weil die Mutter die Kleine konsequent jeden Tag eine Viertelstunde später ihr erstes Tagesschläfchen halten und nicht beliebig lange ausdehnen ließ. Dadurch konnte Frauke den ihr fehlenden Nachtschlaf nicht mehr in gewünschtem Maße am Tag nachholen. Die natürlichen Bedürfnisse des kindlichen Körpers forderten den längeren Nachtschlaf ein und Frauke wachte bald erst um 7.00 Uhr auf.

Die späte Schlafphase

Wir wissen alle, dass es Menschen gibt, die gern früh aufstehen und gleich voller Tatendrang den Tag beginnen, und andere, die Morgenmuffel sind. Diese kommen kaum aus dem Bett und sind am Morgen meist wortkarg, aber am Abend laufen sie zur Höchstform auf. Sicher spielen die Umstände, unter denen Kinder aufwachsen (z. B. das Kind auf dem Bauernhof im Vergleich zum Kind des Stadtbewohners), eine Rolle für die Festlegung von Schlafzeiten im Tagesrhythmus. Was aber letztlich darüber entscheidet, ob ein kleiner Mensch sich zu einer „Lerche" oder einer „Nachteule" entwickelt, wissen wir noch nicht genau.

Eines aber wissen wir sicher: Eine Nachteule, deren Schlafphase sich immer weiter in den folgenden Tag hinein verschiebt, wird nicht in dem gleichen Maß einen erholsamen Schlaf genießen, wie ein Mensch, dessen Schlafphase einige Stunden vor Mitternacht beginnt.

Es ist erwiesen, dass sich unser Körper im Tiefschlaf besonders gut erholt. In einen solchen tiefen Schlaf (Non-REM-Schlafphasen III und IV) fallen wir kurze Zeit nach dem Einschlafen am Abend und bleiben darin mit einigen kurzen Unterbrechungen bis etwa 23.30 Uhr. Danach durchlaufen wir im Schlaf oberflächlichere Tiefschlafphasen und Traumschlafphasen. Erst am frühen Morgen fallen wir wieder in einen erholsamen tiefen Tiefschlaf.

Eine kleine Nachteule, die auf viele Stunden Schlaf vor Mitternacht verzichtet, verzichtet damit auf Stunden des erholsamen Schlafes. Der verlängerte Traumschlaf in den Vormittagsstunden wiegt den versäumten Tiefschlaf nicht auf. Auf diesen wichtigen Punkt werde ich später bei der Besprechung der Schlafprobleme der älteren Kinder und Jugendlichen näher eingehen (siehe Seite 98).

Nun schauen wir uns aber zunächst die Schlafstörungen bei kleinen Kindern an, die durch eine späte Schlafphase bedingt sind:

Fallbeispiel Ralf

Ralf war elf Monate alt. Er schlief nachts mindestens elf Stunden und machte zwei Tagesschläfchen. Wunderbar, könnte man meinen, doch die Eltern empfanden anders! Sie berichteten, dass sie seit Wochen keinen gemütlichen gemeinsamen Feierabend mehr genießen konnten, da der Junge nicht vor 23.00 oder gar 24.00 Uhr einschlafen wollte. Immer häufiger verabredete sich der Vater mit Kollegen und Freunden für den Abend außer Haus. Als die Mutter ihn darauf ansprach, wurde beiden klar, dass Ralfs Schlafverhalten der eigentliche Grund dafür war, dass der Vater sich zu Hause nicht mehr wohl fühlte. Zweifelsohne empfand auch die Mutter ihre Abende mit dem munteren Sohn nicht als das, was sie sich nach einem anstrengenden Tag als Erholung und Ausgleich wünschte.

Dass Ralfs Schlafzeiten verändert werden sollten, war den Eltern klar. Er schlief meist von 23.30 bis 10.00 oder 10.30 Uhr, machte nach dem Mittagessen ein Schläfchen bis 14.30 Uhr und ein zweites beim Spaziergang mit den Eltern, den diese regelmäßig unternahmen, wenn der Vater aus dem Büro kam. Meist schlief Ralf noch in seinem Kinderwagen auf der Terrasse weiter, bis die Mutter das Abendessen bereitet hatte.

Gegen eine fröhliche Spielzeit mit dem Kleinen nach den Abendessen hatte der Vater nichts einzuwenden, doch war es sein Wunsch, dass Ralf spätestens um 20.30 Uhr seinen Nachtschlaf beginnen sollte.

Dafür zu sorgen, so meinte er, sei die Sache seiner Frau. Schließlich sei sie den ganzen Tag zu Hause und könne doch etwas unternehmen, damit der kleine Mann abends müde sei.

Die Mutter berichtete, wie sehr sie sich bemüht habe, mit Ralf am Nachmittag zu spielen, zu turnen und zu toben, wie sie versucht habe, ihn um 20.00 Uhr ins Bett zu bringen. Doch Ralf habe nur schreiend im Bettchen gestanden und der Vater habe wütend das Haus verlassen. An manchen Abenden habe sie sich gewünscht, sie könne auch einmal gehen und ihr Mann bliebe daheim, denn schließlich sei Ralf doch auch Vaters Kind.

Ganz dringend brauchte diese Familie Hilfe. Ralfs Nachtschlafphase musste vorverlegt werden, und das lange, späte Nachmittagsschläfchen durfte auch

Kinder dieses Alters sollten möglichst beim Spazierengehen Eindrücke sammeln, um abends richtig müde zu sein.

Was Sie tun können

nicht mehr gehalten werden, wenn der Kleine am Abend zu normaler Zeit müde sein sollte.

Dass es wenig Sinn hatte, den Jungen früher ins Bett zu bringen und ihn schreien zu lassen, hatten die Eltern bereits erfahren. Es musste ein anderer Weg probiert werden. Ab sofort durfte Ralf nicht mehr schlafen, bis er irgendwann am Vormittag aufwachte, sondern die Mutter weckte ihn von Tag zu Tag ein wenig früher.

> **Tipp**
>
> Man kann ein Kind nicht zwingen zu schlafen, aber man kann es am Morgen zu einer bestimmten Zeit wecken und damit in Kauf nehmen, dass es zunächst etwas weniger Nachtschlaf bekommt. Sofern man nun noch verhindert, dass der fehlende Nachtschlaf am Tag nachgeholt wird, wird es nicht lange dauern, bis das Kind am Abend so müde ist, dass es bereitwillig zu einer angemessenen Zeit einschläft.

In Fall von Ralf hieß das: Die Mutter weckte ihren Jungen morgens am ersten Übungstag um 10.00 Uhr, am folgenden Tag um 9.45 Uhr, dann um 9.30 Uhr, 9.15 Uhr, 9.00 Uhr, 8.45 Uhr usw. Sie versuchte, die morgendliche Wachphase fröhlich und aktiv zu gestalten und ließ Ralf sein erstes Tagesschläfchen nicht mehr in beliebiger Länge halten. Sie gestattete ihm nicht, länger als eineinhalb Stunden zu schlafen.

Wie nicht anders erwartet, verschob sich das erste Tagesschläfchen des Kindes entsprechend dem früheren Aufwachen am Morgen etwas nach hinten. Die Mittagsmahlzeit nahm der Junge nun nach seinem ersten Tagesschläfchen ein. Einen zweiten kürzeren Tagesschlaf hielt Ralf am Nachmittag. Die Mutter weckte ihn spätestens, wenn der Vater nach Hause kam, und der Kleine nahm ausgeschlafen und fröhlich am Spaziergang teil. Gegen 20.30 Uhr hatte das Kind eine vier- bis fünfstündige Wachphase erlebt und so viele Sinneseindrücke aufgenommen, dass es bereitwillig seinen Nachtschlaf beginnen konnte.

Als Ralf zwei Jahre alt war, berichtete die Mutter stolz, dass der Kleine nun nur noch ein langes Mittagsschläfchen mache und abends meist gegen 19.30 Uhr einschlafe. Damit entsprach sein Schlafverhalten dem eines guten Schläfers im Kleinkindalter (siehe Seite 36).

Erinnern Sie sich noch an das Fallbeispiel der Zwillinge Tim und Tom (siehe Seite 19)?

Diese beiden Burschen hielten mit ihrem stundenlangen nächtlichen Reiten auf den Rücken der Eltern nicht nur die Eltern, sondern auch die unter ihnen wohnende Familie wach. Es war den Kindern nicht möglich, nachts viele Stunden hintereinander zu schlafen, weil sie zur Nachtzeit ihre Tagesschläfchen hielten. Der Nachtschlaf der Zwillinge fand während des Tages statt. Der Mutter, die die Schlafzeit der Kinder am Tag, welche einem Nachtschlaf entsprach, zum Lernen und Erstellen ihrer wissenschaftlichen Arbeit nutzte, war nicht bewusst, wie sehr sich der Schlaf der Jungen verschoben hatte.

Auch in dieser Familie half nur ein schrittweises Verschieben der Schlafzeiten. Ein Verkürzen der Tagesschlafzeit führte zu einem längeren Nachtschlaf. Als die Mutter sich die Zeit nahm, sich mit anderen Müttern und deren Kindern zu treffen und oft viele Stunden des Tages mit den Kindern im Freien verbrachte, normalisierten sich die Schlafzeiten wider Erwarten schnell. Tim und Tom wurden wilde Räuber, die aber stets sehr gut schliefen. Die Mutter schaffte ihr Examen, wenn auch ein Jahr später als erhofft.

Kulturell bedingte Unterschiede in der Schlaferwartung

Völker anderer Kulturkreise und anderer Klimazonen zeigen Schlafgewohnheiten, die sich deutlich von denen der Mitteleuropäer unterscheiden. Sie sind

Was Sie tun können

nicht besser und nicht schlechter als die unsrigen. In südlichen Ländern halten die Menschen Siesta in der heißen Mittagszeit und genießen die kühleren Stunden am späten Abend. Ihre kleinen Kinder begleiten sie oft bis in die Nachtstunden hinein zu ihren geselligen Treffen.

Seit immer mehr Menschen aus fernen Ländern mit anderen, oft klimabedingten Lebensgewohnheiten in unser Land kommen und hier eine Familie gründen, erleben wir häufig Probleme in Partnerschaften verschiedener Nationalitäten, die mit der Erziehung des Kindes zu einem normalen Schlafverhalten zu tun haben. Für einen Elternteil kann es durchaus normal sein, dass das kleine Kind bis spät in die Nacht an Zusammenkünften mit Freunden teilnimmt. Der andere Elternteil versteht unter einem normalen Kinderschlaf ein geregeltes frühes Zubettgehen. Spannungen sind vorprogrammiert, wenn Eltern so verschiedene Wünsche haben und sehr Unterschiedliches von ihrem Kind in Bezug auf sein Schlafverhalten erwarten.

Wie soll ein Kind dieser Familie gute Schlafgewohnheiten entwickeln, wenn es so verschiedene Signale empfängt, wenn die Lebensrhythmen von Vater und Mutter so stark differieren?

Die Probleme dieser Familien lassen sich nur lösen, wenn beide Partner bereit sind, die Lebensweisen einander anzunähern und so zu gestalten, dass das Kind Schlafgewohnheiten entwickeln kann, die den in unserem mitteleuropäischen Lebensraum üblichen wenigstens annähernd entsprechen. Denn eines Tages wird das Kind hier einen Kindergarten oder eine Schule besuchen, und es sollte rechtzeitig und ausgeschlafen dort erscheinen können.

Die häufigsten Schlafprobleme bei Kleinkindern

All die in den vorigen Kapiteln besprochenen erlernten Bedingungen, die ein Einschlafen des Kindes allein im eigenen Bett sowohl am Abend als auch bei einem nächtlichen kurzen Aufwachen verhindern, können über die Säuglingszeit hinaus beibehalten werden. Aufopferungsvolle Eltern reichen aus einem Missverständnis heraus Nacht für Nacht eine oder mehrere Fläschchen an, obwohl das Kind am Tag schon lange aus der Tasse trinkt und nachts keine Flüssigkeit mehr benötigen sollte. Vater oder Mutter streicheln, singen oder halten Händchen, d. h. sie geben Ihrem Kind zu jedem Einschlafen eine Hilfe, die es nicht brauchen sollte.

Worin besteht das Missverständnis? Die Eltern halten ihr Kind für noch recht schutz- und hilfsbedürftig und übersehen, dass es, wenn es sich bei ihnen geborgen fühlt, nur etwas Vertrauen, das Zutrauen „Du kannst das schon!" braucht, um viele Dinge allein regeln zu können. „Hilf mir, es allein zu tun" gilt auch für das Schlafen.

Ein Ereignis im Leben der Familie, beispielsweise eine Erkrankung des Kindes oder ein Urlaubsaufenthalt, bei dem das Kind im Bett der Eltern schlief, können der Anlass sein, dass das Kind nur noch im Bett der Eltern schlafen will. Sie sollten dieses nicht zulassen, sondern auch Ihr noch sehr junges oder auch schon einige Jahre altes Kind mit lieben Worten darauf hinweisen, dass jetzt wieder alles so sein kann, wie es früher war.

Legen Sie Ihr Kind in sein Bettchen und sagen Sie ihm, dass es dort allein wunderbar schlafen wird. Nehmen Sie sein Weinen an ein, zwei oder drei Tagen in Kauf und gehen Sie nach der Ferber-Methode (siehe Seite 44 und 66) vor, indem Sie nach wenigen Minuten zu Ihrem Kleinen gehen und ihm zeigen, dass Sie da sind und erwarten, dass es in seinem Bett allein einschlafen wird.

Überzeugen Sie sich, dass es Ihrem Kind gut geht und zeigen Sie ihm durch das kurze Erscheinen, dass es nicht verlassen worden ist.

Sie haben als Eltern das Recht, Ihrem Kind in seinem Verhalten Grenzen zu setzen, ohne selber Schuldgefühle zu entwickeln.

Das Kind nachts im Bett der Eltern sollte die Ausnahme und nicht die Regel sein.

Grenzen setzen heißt beschützen!

Auch wenn Ihr Kind sich zunächst voller Zorn gegen diese Grenzen auflehnt, was ganz natürlich ist, werden Sie nicht seine Liebe verlieren. Das Kind braucht ein wenig Zeit, um mit der erlebten Frustration fertig zu werden. Es wird langsam verstehen, dass die Grenzen wirklich gelten und es wird sie akzeptieren, wenn es merkt, dass es Ihnen ernst damit ist. Sagen Sie Ihrem Kind: „Ich gehe jetzt!" anstatt zu fragen: „Darf ich jetzt gehen?"

Generell gilt bei der Erziehung eines Kindes, dass die Eltern, die ein gewisses Verhalten von ihrem Kind erwarten, nicht fragen sollten, ob das Kind dies vielleicht tun möchte, ob es wohl damit einverstanden sein könnte? Mit dem Fragesatz muten Sie Ihrem Kind zu, eine Entscheidung bezüglich seines Handelns zu treffen, zu der es noch gar nicht fähig sein kann. Führen Sie Ihr Kind, überlassen Sie es nicht ungeschützt sich selbst, es braucht Orientierungspunkte von Ihnen am Tag und auch zum Schlafen, um nicht unruhig, unbändig und maßlos zu werden.

Das Stehaufmännchen im Gitterbett oder das Ich-kann-nicht-schlafen-Kind in der Wohnzimmertüre

Besonders um das erste Lebensjahr herum erleben Eltern oft, dass ihr Kind, das früher schnell in seinen Schlaf fand, nun recht lange, teils 30 bis 45 Minuten benötigt, um einzuschlafen.

Das Kind wirkt geradezu besonders aktiv, fast aufgedreht. Es will die Müdigkeit nicht zulassen, weil es weiß, dass mit dem Einschlafen eine Trennung von den Eltern verbunden ist. Sich trennen zu können ist einerseits eine neue, reizvolle Erfahrung für das Kind, das gerade das Laufen gelernt hat.

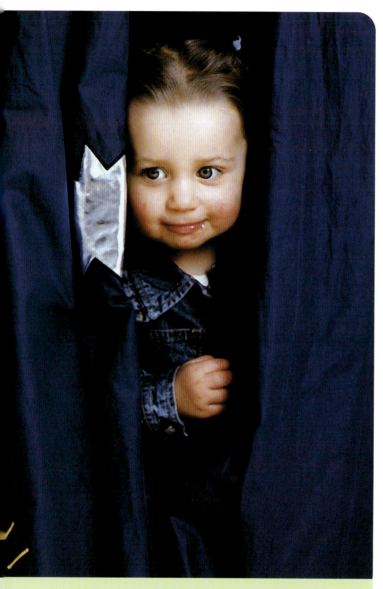

Kuckuck – da, ein Spiel, das alle Kinder lieben.

Aber sich getrennt zu haben heißt auch, plötzlich allein zu sein. Dies kann das Kind verunsichern, ja richtig ängstigen. Deshalb ist es wichtig, dass Mutter und Kind am Tag durch kleine Versteckspiele das Trennen üben. „Kuckuck – da" ist ein Spiel, das kleine Kinder endlos spielen können.

Lassen Sie Ihr Kind am Tag die Erfahrung machen, dass Sie immer noch da sind, auch wenn das Kind Sie nicht mehr sehen kann, indem Sie auf sein vielleicht ängstliches Rufen fröhlich aus einem anderen Zimmer antworten und nicht sofort, aber kurz darauf im Zimmer erscheinen. Leiten Sie Ihr Kind an, einige Minuten allein zu spielen, und erzählen Sie ihm, dass Sie aus dem Zimmer gehen, aber bald wieder da sein werden. Loben Sie Ihr Kind, wenn es einige Minuten allein im Raum verbracht, sich beschäftigt und nicht geweint hat.

Wenn das Kind durch Ihr Verhalten am Tag erfahren hat, dass es nicht verlassen wird, wird es auch am Abend die Trennung hinnehmen können. Es wird sich gegen die aufkommende Müdigkeit nicht wehren müssen, sondern kann sich ein wenig allein beschäftigen und den nahenden Schlaf zulassen, denn es fühlt sich bei Ihnen geborgen.

Wenn Ihr etwa ein- oder zweijähriges Kind an jedem Abend fordert, dass Sie bei ihm bleiben, bis es eingeschlafen ist, hat es einen wichtigen Lernschritt, der in diesem Alter geschafft werden soll, noch nicht gemacht. Es hat noch nicht gelernt, sich als eigenständige Person zu erleben, die sich ohne Angst von den Eltern trennen kann.

Geben Sie nach einem ruhigen Abendritual Ihrem Kind ein Schmusetier oder -tuch mit in sein Bett. Es mag die Ohren seines Hasen knicken oder sich mit ihnen die Nase reiben, doch sollten Sie nicht zulassen, dass Ihr Kind Ihre Nase verbiegt oder Ihre Haare zwirbelt. Es muss den Unterschied zwischen Ihnen, seiner Bezugsperson, und dem Schmusetier, seinem Spielobjekt, kennen.

Wollen Sie nun Ihr Kind lehren, abends allein in seinen Schlaf zu finden, so gehen Sie wieder nach der Ferber-Methode (siehe Seite 44 und 66) vor, besprechen mit Ihrem Kind, dass es ab sofort allein in seinem Bett einschlafen kann, und verlassen das Zimmer. Auch wenn Ihr Kind ruft oder weint, warten Sie einige Minuten ab, sammeln Sie sich und gehen nur kurz ins Zimmer, um dem Kind zu sagen, dass alles in Ordnung ist und es nun schlafen soll. Dieses Vorgehen werden Sie wahrscheinlich einige Male wiederholen müssen, ehe der Schlaf Ihr Kind übermannt.

Schwieriger wird es, wenn Ihr Kind schon älter ist und sein Bett allein verlassen kann, zu Ihnen ins Wohnzimmer kommt und erklärt, dass es nicht schlafen kann.

Dann sollten Sie zunächst einmal überprüfen, ob ...

- ... Sie von Ihrem Kind nicht eine zu lange tägliche Schlafzeit fordern. Vielleicht braucht Ihr Kind sein Mittagsschläfchen eigentlich gar nicht mehr, doch Sie haben es noch täglich hingelegt, weil Sie diese Ruhezeit sehr gut für sich nutzen konnten.
- ... das Mittagsschläfchen Ihres Kindes nicht zu spät am Tag liegt, weil Ihr Kind schon am Vormittag zum Kindergarten geht und Sie danach meist noch zusammen einkaufen, bevor Sie zu Hause das Mittagessen anrichten. Liegt zwischen dem Ende des Mittagsschlafes und der Zeit, in der Sie das Kind zu Bett bringen, eine Wachperiode von wenigstens fünf Stunden? Und hat Ihr Kind diese Zeit kindgerecht mit der Möglichkeit zu fröhlichem Herumtoben erlebt, oder hat es einen großen Teil dieser Zeit vor dem Fernseher verbracht? Ein Kind, das viel fernsieht, lebt nicht aktiv im eigenen Leben, sondern läßt sich stimulieren von einer ihm dargebotenen fremden Welt.
- ... Ihr Kind das, was es im Fernsehen sieht, wirklich versteht oder ob es durch das Gesehene verwirrt oder sogar geängstigt wird?

Hat Ihr Kind tagsüber Möglichkeiten gehabt, sich geistig und motorisch anzustrengen, und hat es nach dem Abendessen eine ruhige Zeit und als

Mein Schmusetier, das gehört mir!

Tipp

Vielleicht ist es hilfreich, sich selbst ein Schild mit den Worten „Ich will ruhig bleiben" zu malen und dieses dort hinzulegen, wo Sie sich am Abend aufhalten. Nehmen Sie sich für einen solchen Abend keine Arbeit vor, die Sie unbedingt erledigen wollen, denn für diesen Abend haben Sie bereits eine sehr große Aufgabe zu schaffen: Sie wollen Ihrem Kind helfen, einen neuen Schritt in die Selbstständigkeit zu tun! Dazu braucht es Ihr Verständnis und Ihre ganze Liebe. Vielleicht schauen Sie an einem solchen Abend die Fotoalben Ihres Kindes an, um sich vor Augen zu halten, was es schon alles mit Ihrer Hilfe gelernt hat. Sie werden plötzlich viel Stolz auf Ihr Kind und auch auf die eigene Leistung spüren und sich sagen: „Und heute schaffen wir das auch!"

Was Sie tun können

Viel frische Luft und das Herumtoben mit anderen machen Kinder müde.

Abschluss ein liebevolles Abendritual erlebt, dann sollte es nun seinen Schlaf beginnen, und zwar allein im eigenen Bett.

Bringen Sie es mit nur wenigen Worten wie: „Ich möchte, dass du jetzt schläfst. Es ist Abend und du bleibst jetzt in deinem Bett!" zurück in sein Zimmer. Sagen Sie ihm, dass Sie die Türe ein wenig auflassen werden, wenn es in seinem Bett bleibt, dass die Tür aber geschlossen (möglichst nicht abgeschlossen!) wird, wenn das Kind noch einmal aus dem Zimmer kommt. Betonen Sie: „Du kannst entscheiden, ob die Türe auf bleibt oder zu ist. Gute Nacht!"

Sie müssen wissen, dass die nächsten Tage einiges an Selbstbeherrschung von Ihnen fordern werden.

Meine Erfahrung geht dahin, dass es in der Regel eine bis maximal vier Nächte dauert, bis das Kind allein und ohne zu schreien abends einschlafen kann. Zugegeben, das ist anstrengend, aber es ist zu schaffen, besonders wenn Sie sich vor Augen halten, dass Sie in Zukunft kein abendliches Theater mehr erleben müssen.

Sie können sich und das Kind für die Anstrengungen des Trainings dadurch belohnen, dass Sie den folgenden Tag ganz besonders schön gestalten, dass Sie Ihrem Kind besonders viel Zeit widmen und es loben, wenn es sich allein beschäftigt. Sagen Sie ihm, dass Sie nun, während es spielt, viel von Ihrer täglichen Arbeit schaffen können und dass sie gleich eine richtig lange Spielzeit miteinander haben werden. So lernt Ihr Kind, dass einer den anderen achten und man selber ein wenig mit seinen Wünschen warten kann.

Kinder haben am Abend tausend Gründe, aus denen sie noch nicht schlafen können: Sie haben noch Durst oder Hunger, müssen noch ganz schnell etwas für den Kindergarten oder die Schule machen, müssen der Freundin/dem Freund oder der Oma noch etwas am Telefon sagen, haben einen fürchterlichen Juckreiz oder Bauch- oder Kopfweh und vieles mehr.

Was können Sie tun, um nicht an jedem Abend spätestens nach dem zweiten oder dritten Versuch Ihres Kindes, das Schlafengehen hinauszuzögern, aus der Haut zu fahren? Besprechen Sie folgende Punkte mit Ihrem Kind, wenn es etwa vier Jahre oder schon älter ist:

Nähe, liebevolles Spiel, Zuwendung, Unterhaltung, Getränke und Nahrung gehören in den Tag, nicht aber in die Nacht!

Schlagen Sie Ihrem Kind vor, dass Sie ihm helfen wollen, am Abend, bevor sie beide mit den Vorbereitungen für das Schlafengehen beginnen, noch kurz zu überlegen, ob alles erledigt sei. Zu diesem Zeitpunkt wäre es ja noch möglich, schnell etwas nachzuholen, das vergessen worden ist. Sollte häufiger vieles vergessen worden sein, so wird es Ihnen nicht schwer

Ihr Kind hat schon so viel gelernt. Bald wird es auch mit Ihrer Hilfe allein einschlafen können.

„Ich habe Angst in meinem Zimmer, Mutti bleib bei mir!"

fallen, Ihrem Kind klar zu machen, dass es seinen Tagesablauf besser planen muss. Sie können anbieten, dabei behilflich zu sein. Wahrscheinlich wird Ihr Kind Ihre Hilfe kaum in Anspruch nehmen, denn es möchte für sich selbst sorgen können.

Beim Abendessen können Sie fragen, ob das Kind wirklich satt sei. Bejaht es dieses, so brauchen Sie kein schlechtes Gewissen zu haben, wenn es eine Stunde später wieder vorgibt, Hunger zu haben, und Sie dem Wunsch nach einer Zusatzmahlzeit nicht nachkommen. Wenn es wirklich noch etwas Hunger hat, wird es dennoch schlafen können und am nächsten Tag etwas mehr zum Abendbrot essen.

Anders liegen die Dinge, wenn Sie wirklich den Eindruck haben, dass Angst die Ursache ist, die Ihr Kind nicht schlafen lässt und es immer wieder veranlasst, Ihre Nähe zu suchen.

> **Tipp**
>
> Das abendliche und nächtliche Trinken-Wollen erledigt sich meist ganz von allein oder stört die Eltern nicht mehr, wenn sie eine Flasche Mineralwasser und einen Becher ins Bad stellen, sodass sich das Kind bei Bedarf bedienen kann. Sie werden überrascht sein, wie selten Ihr Kind nun nach dem Schlafengehen noch etwas trinken wird.

Was Sie tun können

Eltern erleben oft, dass ihre Kinder nicht in ihrem Bett bleiben wollen, weil sie Angst vor Monstern oder sonstigen Gestalten, vor Einbrechern, vor ihren eigenen lebhaften Fantasien und nicht zuletzt vor den eigenen Träumen haben.

Obwohl Kinder wie kleine Erwachsene aussehen und viele ihrer Handlungen den unseren gleichen, laufen ihre Gedanken und Vorstellungen auf anderen Wegen. Für sie gilt unsere Logik nicht, und die Gesetze der Physik kennen sie noch nicht. So erlebte ich einmal, dass ein kleines Kind sich weigerte, in die Badewanne zu gehen, weil es fürchtete, dass es mit dem Badewasser in den gurgelnden Abfluss hinabgesogen wird. Wie sehr die Eltern sich auch bemühten, ihrem Kind zu zeigen, dass es gar nicht durch das Abflussrohr passt, es half dem Kind nicht. Die Angst vor der Badewanne blieb bestehen. Baden war eine Zeit lang nur möglich, wenn die Eltern ihr Kind in eine kleinere Wanne ohne Abfluss setzten und das Badewasser erst ausschütteten, wenn das Kind schon im Bett war. Ein anderes Kind wollte sich nicht mehr die Haare waschen lassen, weil es glaubte, seine Augen könnten weggespült werden. Das Tragen einer Taucherbrille wurde erlaubt und die Angst konnte bald überwunden werden.

Schatten im Zimmer können bedrohliche Tiere oder Monster sein, und es hilft Ihrem Kind nicht, wenn Sie ihm versichern, dass es keine Monster gibt und in Ihrer Wohnung garantiert kein wildes Tier lauert.

Lachen Sie Ihr Kind nie wegen seiner Ängste aus! Versuchen Sie ihm zu zeigen, dass Sie es beschützen können, und lassen Sie im Kinderzimmer ein kleines Nachtlicht brennen, damit Ihr Kind sich leichter orientieren kann.

Nehmen Sie sich am Abend genügend Zeit für das Zu-Bett-Bringen. Wenn Sie Ihrem Kind zeigen, wie wichtig es Ihnen ist, so wird es sich geliebt wissen.

Wer sich geliebt fühlt, fühlt sich sicher und geborgen und nicht abgeschoben.

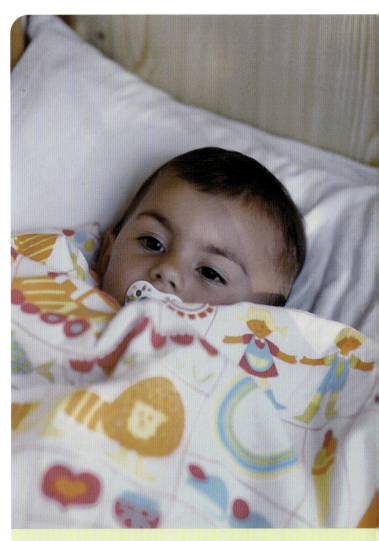

Schon kleine Kinder können sich beim Träumen fürchten.

Was können Sie tun, wenn Sie möglichst von vornherein verhindern wollen, dass Ihr Kind Ängste vor seinen Träumen und vor seinen magischen Fantasie-Gedanken hat? Erzählen Sie Ihrem Kind, dass alle Menschen nachts träumen, auch wenn sie am Morgen oft nicht mehr wissen, ob oder was sie geträumt haben. Stellen Sie die Träume als etwas überwiegend Positives dar.

Fallbeispiel Tobias

Tobias ist mein Neffe, den ich erst kennen lernte, als er bereits zwei Jahre alt war. Er war ein sonniger kleiner Bursche, der mir durchaus Sympathie entgegen brachte, nachdem ich ihm genügend Zeit gelassen hatte, sich mit mir vertraut zu machen. Als die kleine

Familie sich am Abend verabschiedete, streckte Tobias, der auf dem Arm des Vaters saß, plötzlich seine Hand aus, berührte meine Stirn und sagte: „Da, ein Traum!" Und er schenkte mir sein schönstes Lächeln. Auf meinen fragenden Blick erklärten die Eltern, dass sie ihrem Kleinen beim Gute-Nacht-Sagen immer das Köpfchen streicheln und ihm einen schönen Traum schenken. Und nun hatte er mir einen Traum geschenkt! Für Tobias bedeutet träumen zu können, Freude zu haben.

Was aber können Sie tun, wenn Ihr Kind gelegentlich aus einem Traum auftaucht und sich erinnert, dass es sehr große Angst durchlebt hat, wenn es fürchtet, dass dieser böse Traum wieder beginnen wird, sobald es eingeschlafen ist? Nehmen Sie Ihr Kind in den Arm, lassen Sie es Ihren festen Halt spüren und sagen Sie ihm, dass Sie da sind und es beschützen werden.

Aber diskutieren Sie in der Nacht nicht mit dem Kind über den Traum. Der Traum ist vorbei, jetzt soll Ihr Kind wieder schlafen.

Wie helfen Sie Ihrem Kind, wenn es am Abend gar nicht schlafen will, weil es sich vor bösen Träumen fürchtet?

Buchtipps

Am Anfang dieses Buches erwähnte ich bereits das Kinderbuch „Das Traumfresserchen" von Michael Ende und Annegert Fuchshuber. Dieses Buch handelt von einer Prinzessin aus dem Schlummerland, die sich so sehr vor ihren bösen Träumen fürchtet, dass sie nicht mehr schlafen kann. Da aber im Schlummerland derjenige König wird, der am besten schlafen kann, ist es ein sehr großes Unglück, dass die kleine Prinzessin kaum noch schläft. Der König und die Königin versuchen alles, um ihrer kleinen Tochter zu helfen. Und es gelingt ihnen!

Ein Kind, das diese Geschichte hört, erfährt, wie es das Traumfresserchen einladen kann, damit dieses kommt und die bösen Träume frisst. Aber die guten,

Die nahe Ankunft eines neuen Babys kann ein Kind sehr verunsichern.

die lustigen, die schmecken dem kleinen Kerlchen nicht. Diese behält das Kind und kann sie am nächsten Morgen voll Freude erzählen.

Ich weiß von vielen meiner kleinen Patienten, dass ihnen das Buch sehr gefallen und geholfen hat, die Furcht vor bösen Träumen zu verlieren.

Besonders geeignet für das Kindergarten- und Grundschulalter sind außerdem die Bücher mit den „Anna-Geschichten", therapeutische Geschichten für Kinder von drei bis acht Jahren: „Ein Zauberring für Anna" und „Anna zähmt die Monster", beide von Doris Brett.

Es sind Bücher, die den Eltern und den Kindern helfen. Sie lehren die Eltern zu verstehen, wie ihre Kinder durch Spiel und Fantasie lernen und was Kinder in ihrem magischen Denken erleben. Sie weisen den Eltern Wege, auf denen sie ihren Kindern beim Lösen der Probleme helfen können, denn therapeutische Geschichten helfen Kindern, mit Gefühlen und Situationen umzugehen, die sie ängstigen.

Die Anna-Geschichten sind nicht nur für Fachleute, sondern vorrangig für Eltern geschrieben, und sie enthalten viele Anleitungen und Hinweise. Dadurch lernen Sie sehr schnell, eine Geschichte ein klein wenig zu verändern, damit es genau die Geschichte wird, die Ihr einzigartiges Kind braucht, um seinen Problemlösungsweg zu erkennen.

Es werden unter anderem folgende Themen angesprochen:

- Angst vor Dunkelheit
- Alpträume
- Ängste
- ein neues Baby in der Familie
- der erste Tag im Kindergarten
- Scheidung
- wenn jemand krank wird oder stirbt
- Schüchternheit
- hänseln
- Stieffamilien
- Bettnässen

Alle mit diesen Themen verbundenen Gefühle und Erlebnisse des Kindes und viele Ereignisse im Leben einer Familie können dazu beitragen, dass ein Kind nicht mehr zu einem erholsamen Schlaf findet. Der Held/die Heldin einer guten Geschichte kann einem Kind zeigen, wie man ein Problem erfolgreich löst.

Empfehlenswert sind außerdem:

- „Martin hat keine Angst mehr" von Ingrid Ostheeren und Christa Unzner
- „Irgendwie anders" von Kathryn Cave und Chris Riddell
- „Abschied von Rune" von Wenche Oyen und Marit Kaldhol

Der erste Schultag! Aber was kommt dann?

Was Sie tun können

Allein im eigenen Bett geschlafen haben und nun als „Große" mit den Eltern frühstücken, das macht stolz und selbstbewusst.

In diesen Büchern finden Kinder Hilfe, wenn sie vor allem und jedem Angst haben, keinen Freund finden oder einen geliebten Menschen durch den Tod verloren haben (siehe Literaturhinweise Seite 140).

„Ich will bei euch schlafen!"

Ich habe Familien kennen gelernt, bei denen es ein großes Matratzenlager gab, auf dem alle Familienmitglieder zusammen schliefen. Solange sich Eltern und Kinder damit wohl fühlen und die Kinder in ihrem Verhalten am Tag unauffällig sind, ist dagegen nichts einzuwenden.

In vielen Familien schläft das Kind zwar am Abend im eigenen Bett, meist auch im Kinderzimmer ein, doch wandert es beim ersten Erwachen in der Nacht ins Schlafzimmer der Eltern und verbringt den Rest der Nacht dort angeschmiegt an Vater oder Mutter.

Doch irgendwann kommt der Zeitpunkt, an dem ein oder beide Elternteile sich sehr wünschen, dass das Kind im eigenen Bett bleiben möge. Aber das Kind ist so sehr an den bestehenden Zustand gewöhnt, dass es sich nicht vorstellen kann, im Kinderzimmer zu schlafen. Wenn es zudem noch spürt, dass ein Elternteil unsicher ist, ob er von dem Kind wirklich verlangen kann, allein in seinem Bett zu schlafen, dann wird das Kind mit allen Mitteln um sein Sonderrecht kämpfen. Wundern Sie sich nicht, wenn es Ihnen plötzlich von seiner schlimmen Angst erzählt und Ihr Mitleid herausfordert.

Auf jeden Fall: Beide Eltern sollten sich einig sein, dass sie den momentanen Zustand verändern wollen.

Meiner Ansicht nach gibt es zwei Wege zu dem Ziel, dass das Kind in Zukunft die ganze Nacht in seinem eigenen Bett verbringt. Sprechen Sie mit dem Sohn/der Tochter darüber, dass jeder von Ihnen besser schlafen wird, wenn er sein Bett für sich allein hat, und sagen Sie dem Kind, dass Sie dieses jetzt einführen wollen und werden. Erwähnen Sie, dass Sie auf einige gemeinsame Kuschelzeiten, zum Beispiel am Sonntagmorgen, nicht verzichten wollen. Und beschreiben Sie dann den Trainingsweg, für den Sie sich entscheiden, nachdem Sie beide Wege gelesen haben.

- Erster Weg:
  Die Eltern bringen ihr Kind sofort zurück ins eigene Bett, wenn es ins elterliche Bett kommt. Das kann viele Male in einer Nacht nötig sein, denn manche Kinder haben einen langen Atem und versuchen immer und immer wieder, ob es ihnen nicht doch gelingt, den Rest der Nacht im Bett der Eltern zu verbringen. Wenn Sie wirklich das Kind stets zurückbringen, wird dieser Weg nach einigen Tagen, die sicher nicht ganz einfach sind, von Erfolg gekrönt sein.

- Zweiter Weg:
  Sagen Sie Ihrem Kind, dass Sie sich vorstellen können, wie schwer es ist, plötzlich nicht mehr zu den Eltern ins Bett kommen zu sollen. Erwähnen Sie, dass Sie nicht wissen, wie schnell Ihr Kind selbstständig sein kann. Schlagen Sie vor, dass eine Matratze ins Elternschlafzimmer gelegt wird. Auf dieser soll das Kind, das seine Bettdecke dann mitbringen muss, schlafen dürfen, wenn es die Nähe der Eltern braucht. Wenn Sie mögen, vereinbaren Sie mit dem Kind, dass es für die Nächte, die es durchgehend in seinem Zimmer geschlafen hat, Punkte sammeln kann. Diese Punkte sind kleine Wertmarken für eine Belohnung, die das Kind sich vor Beginn des Trainings für eine gewisse Zahl von Wertmarken wünschen kann (siehe Seite 113: Der Einsatz eines Belohnungsplanes).

Beide Wege funktionieren. Die Eltern meiner kleinen Patienten, die den zweiten Weg wählten, weil ihnen der erste zu hart für das Kind schien, waren in der Regel überrascht, wie schnell das Kind freiwillig in seinem Bett blieb, weil zum einen der Umzug mit der Bettdecke lästig war und zum anderen der Belohnungspunkt am Morgen lockte.

Wenn dann noch beide Eltern am Morgen ihre Freude über das große, vernünftige Kind in lieben Worten äußern, dann erleben sie einen glücklichen und stolzen Sprössling, der sich sagt: „Ich habe das allein geschafft"!

Schlafprobleme bei Schulkindern

Verschobene Schlafzeiten

Fallbeispiel Antonia

Antonia war sieben Jahre alt und besuchte die zweite Klasse. Ihre Schulleistungen waren recht ordentlich, das Mädchen hatte Freunde und ging am Nachmittag gern zum Sport. Die Eltern wären mit ihrer Tochter sehr zufrieden gewesen, wenn nicht seit der Einschulung an jedem Abend ein fürchterlicher Zirkus um das Schlafengehen stattgefunden hätte.

Da die Eltern sich gut darüber informiert hatten, wie viel Schlaf ein Grundschulkind in der Regel braucht, um einigermaßen ausgeschlafen an den Unterrichtsstunden teilnehmen zu können, bestanden sie darauf, dass Antonia, die um 7.00 Uhr aufstehen musste, spätestens um 20.00 Uhr im Bett sein sollte.

Antonia gefiel das aber gar nicht, und so versuchte sie sich immer wieder neue Gründe einfallen zu lassen, um noch nicht ins Bett gehen zu müssen. Die Eltern durchschauten die Tochter schnell und verlegten das Abendessen um eine Stunde vor, sodass genügend Zeit blieb, um alle Wünsche der Tochter bezüglich der abendlichen Bade-, Spiel- und Schmusezeit zu erfüllen.

Eigentlich sollte man erwarten, dass ein gesundes Kind, welches am Nachmittag viel erlebt und herumgetobt hat, schnell einschlafen kann.

Aktive Kinder, die am Abend noch nicht müde sind – gibt es das?

Doch Antonias Eltern konnten sich ihres Feierabends nicht freuen, weil sie „geradezu auf das Erscheinen der Tochter warteten". Seit vielen Monaten hatte es an jedem Abend den gleichen Ablauf gegeben: Etwa eine halbe Stunde lang blieb das Mädchen in seinem Zimmer, dann kam es mehrmals an jedem Abend ins Wohnzimmer und erklärte, es sei überhaupt nicht müde, könne nicht schlafen, sei durstig, habe Bauchweh, Kopfweh oder einen Wadenkrampf, zu kalte oder zu warme Füße oder …

Beim ersten und zweiten Erscheinen brachte einer der Eltern Antonia meist noch mit lieben Worten zurück in ihr Zimmer. Beim dritten und vierten Mal hieß es dann: „Marsch, ab ins Bett", und erschien Antonia noch einmal – meist mit weinerlichem Gesicht –, dann verließ der Vater schnell das Haus und lief einmal um den Block, um sich zu beruhigen, während die Mutter sich bemühte, das Mädchen davon zu überzeugen, dass es doch nun endlich Ruhe geben müsse. „Seltsamerweise", so erzählte die Mutter, „erklärt Antonia gegen 23.00 Uhr meist, dass sie nun wohl schlafen kann. Dann zucke kein Augenlid und kein Bein mehr und die Bauchschmerzen seien dann auch auf einmal weg. Es dauert in der Regel weniger als zehn Minuten, und meine Tochter atmet ganz ruhig und schläft fest."

Die Eltern waren sehr erstaunt, als ich ihnen vorerst keine Diagnose einer besonderen Schlafstörung anbot, sondern das Mädchen fragte, was es zu diesem Bericht der Eltern sage.

Antonia sah mich begeistert an. Offensichtlich gefiel es ihr, dass ich sie als Ansprechpartner zur Lösung des Problems auserkoren hatte, und sie antwortete: „Stimmt alles, was Mutti gesagt hat. Aber ich kann doch wirklich nicht schlafen, und ich möchte nicht jeden Abend so lange da im Dunkeln liegen müssen."

Auf meine Frage: „Was möchtest du denn?" kam prompt die Antwort: „Erst dann ins Bett gehen müssen, wenn ich richtig müde bin, und morgens schlafen können, solange ich will!"

Ich kann wirklich nicht schlafen!

„Ja", sagte der Vater, „so hat sie es gemacht, bevor sie eingeschult wurde, aber jetzt können wir das doch nicht durchgehen lassen. Sie muss doch um 8.00 Uhr in der Schule sein. Nur in den Ferien darf sie schlafen, wann sie will. Dann haben wir zum Glück auch einmal eine richtig schöne Zeit."

Recht hatte er. Aber Antonia hatte irgendwie auch Recht. Und vielleicht ahnen Sie schon, wo das Problem dieser Familie liegt.

Betrachten wir doch einmal die Schlafzeiten von Antonia in den Ferien:

Was Sie tun können

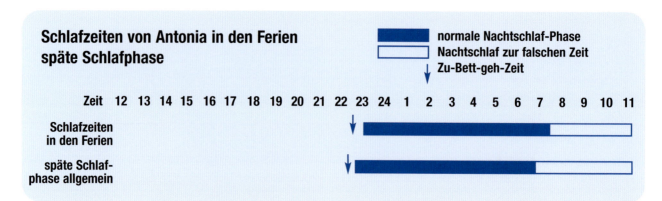

Antonia geht in den Ferien freiwillig gegen 23.00 Uhr ins Bett, schläft schnell ein und wacht erst zwischen 10.00 und 11.00 Uhr auf. Dann ist sie gut gelaunt und freut sich auf den Tag. Das kann sie auch, denn sie hat einen Schlaf von elf bis zwölf Stunden genossen. Die Schlafmenge ist normal, die Schlafqualität dürfte ziemlich gut sein, denn der Schlaf wird nicht unterbrochen, doch die Schlafzeit ist auffällig. Dem Mädchen fehlen die wirklich erholsamen Schlafstunden vor Mitternacht. Erinnern Sie sich noch an die Verschiebung der Schlafphasen? Antonia ist ein Kind mit einer späten Schlafphase und kann nicht um 20.00 Uhr einschlafen, selbst dann nicht, wenn ihre Mutter sie mit viel Mühe täglich um 7.00 Uhr morgens weckt, weil sie in die Schule gehen muss.

Wie ist das möglich, und warum verschiebt sich Antonias Schlafphase nicht zurück zu einer früheren Einschlafzeit, zumal sie doch an den Schultagen keinen ausreichenden Schlaf bekommt? Antonia selbst gab die Antwort, als sie sagte: „Aber am Freitag und Samstag haben wir doch keinen Ärger, dann sagt ihr doch immer: Jetzt haben wir wieder Kurzurlaub!" „Gar nicht so dumm, unsere kleine Nachteule", sagte der Vater nicht ohne Stolz, denn ihm war klar geworden, dass das Ausschlafen-Dürfen an den Wochenenden die Verschiebung von Antonias Schlafzeit zu den Abendstunden hin verhinderte.

Ich glaube zwar, dass Antonia in diesem Moment noch nicht verstanden hatte, wie sehr sie den Nagel auf den Kopf getroffen hatte, aber den Eltern war klar geworden, dass ihre kleine Tochter nicht nur ein Nachtmensch war, sondern sie als Eltern unbewusst auch die mangelnde Übereinstimmung von Antonias Schlafzeiten mit dem Tag-Nacht-Rhythmus zuließen, indem sie an den Wochenenden den Schlaftyp „späte Schlafphase" gestatteten. Damit bekam Antonia an einigen Tagen der Woche einen ausreichenden Schlaf und ihr Körper war nicht gezwungen, durch früheres Einschlafen an den Schultagen sich das zu holen, was er brauchte. Nun war es nicht schwer, einen Plan zu erarbeiten, nach dem die

Kinder sind begeistert, wenn man mit ihnen gemeinsam einen Zu-Bett-geh-Plan erarbeitet. So dauert es nicht lange, bis das Kind zu einem normalen Schlafrhythmus findet.

Schlafzeiten des Kindes verschoben werden konnten.

Ich habe Antonia erklärt, welches mein Ziel war (ausreichend lang an allen Tagen der Woche zur richtigen Zeit zu schlafen), habe sie daran erinnert, wie wohl sie sich in den Ferien fühlt, wenn sie elf oder zwölf Stunden geschlafen hat, und ihr gesagt, dass wir uns einen Belohnungsplan ausdenken wollen, wenn sie eifrig daran mitarbeitet, dass sie in Zukunft zur richtigen Zeit genügend Schlaf bekommen wird. Schrittweise sollte sie es lernen, und für jeden Schritt sollte sie durch eine kleine Wertmarke belohnt werden (siehe Seite 113: Einsatz eines Belohnungsplans).

Die Eltern konnten akzeptieren, dass Antonia zunächst so lange aufbleiben durfte, wie sie spontan als „schön in der Urlaubszeit" angegeben hatte. Jeden zweiten Tag sollte das Kind eine Viertelstunde früher ins Bett gehen. Der Freitag und der Samstag sollten ganz normale Tage sein, für die die in unserem Plan festgelegte Zu-Bett-geh-Zeit galt. Morgens sollte die Mutter Antonia pünktlich um 7.00 Uhr wecken, denn sie musste ja zur Schule gehen. Auch an den Wochenenden sollte das Mädchen morgens geweckt werden.

„Außerordentlich toll" fand Antonia die Tatsache, dass sie am folgenden Abend bis 22.45 Uhr aufbleiben und in ihrem Zimmer spielen durfte. Zur Überraschung der Eltern kam sie gegen 22.30 Uhr und erklärte: „Ich glaube, ich bin jetzt müde. Ich gehe ins Bett, gute Nacht."

Antonia malte ihren Zu-Bett-geh-Plan liebevoll bunt an und hielt sich recht konsequent daran. Und als ihr die Oma in den nächsten Tagen einen Wecker schenkte, damit sie beim Spielen am Abend nicht die Schlafenszeit verpassen würde, fand sie das ganze Training „einfach spitze".

Was Sie tun können

Und so dauerte es kaum mehr als vier Wochen, bis Antonia freiwillig abends gegen 20.00 Uhr ins Bett ging und meist auch schnell einschlief. Ihre Wertmarken tauschte sie gegen kleine Herzenswünsche ein. Auf meine spätere Frage, was sich wohl verändert hat, seit Antonia abends rechtzeitig schlafen geht, antwortete das Mädchen: „Ehrlich, ich bin jetzt oft schon wach, wenn Mutti mich wecken kommt." Und die Eltern sagten: „Sie ist zufriedener und wir alle sind glücklicher. Probleme lösen wir jetzt gemeinsam, wenn wir uns einen Plan gemacht haben."

Wie viel Schlaf braucht Ihr Kind?

Wenn Kinder abends nicht einschlafen können oder wollen, mögen ganz unterschiedliche Gründe vorliegen. Längst nicht immer sind es verschobene Schlafzeiten. Bei manchen Kindern ist die Ursache ganz einfach zu finden. Ihre Eltern wissen nicht, wie viel Schlaf das Kind in einem bestimmten Alter wirklich braucht und schicken es zu früh ins Bett.

Beispiel

Ein 13-Jähriger braucht etwa 9,25 Stunden Schlaf. Steht er um 7.00 Uhr auf, so reicht es aus, wenn er gegen 21.30 Uhr einschläft. Oft schicken Eltern ihr Kind aber schon gegen 20.00 Uhr zu Bett und wundern sich, wenn es eine Stunde oder länger wach liegt.

Natürlich gibt es Kinder, die gern früh ins Bett gehen und auch schnell einschlafen können. Für sie ist die täglich lange Schlafdauer durchaus normal, denn sie sind kleine, gesunde Langschläfer.

Gemeinsam etwas zu unternehmen oder Sport zu treiben macht doppelt Spaß.

Was Sie tun können

Immer wieder klagen Kinder darüber, dass sie eigentlich gern schlafen würden, aber nicht einschlafen können, weil sie sich gar nicht müde fühlen. Dies sind die Kinder, die während des Tages eine auffallend geringe motorische und geistige Aktivität zeigen, die Stubenhocker, die viele Stunden vor dem Fernseher sitzen und sich berieseln lassen, anstatt das eigene Leben aktiv zu leben. Meistens bleiben sie abends – wieder vor dem Fernseher – sehr lange auf, weil sie fürchten, doch nicht schlafen zu können, und verstärken damit ihren Schlafmangel.

Diesen über mangelnde Müdigkeit klagenden Kindern zu einem normalen Schlaf zu verhelfen heißt, sie zu aktivieren, ihnen zu zeigen, wie viel Freude es bringen kann, wenn sie den Tag kreativ mit Gleichaltrigen gestalten und sich selbst körperlich durch sportliche Betätigung fordern. Auch Eltern können am frühen Abend mit ihren Schulkindern Sport treiben oder einem gemeinsamen Hobby nachgehen!

Es ist erwiesen, dass ein unausgeschlafenes Kind in der Schule nicht ausreichend aufnahmefähig ist und dass seine Leistungen schwächer sind als die eines vergleichbar intelligenten Kindes, welches täglich ausreichend schläft. Das mag damit zusammenhängen, dass die Gedächtnisbildung des Organismus während des Schlafes erfolgt. Wissenschaftliche Studien zeigen, dass erlerntes Wissen, aber auch geübte motorische Fähigkeiten von den Versuchspersonen, die in der folgenden Nacht einen erholsamen Schlaf genießen, viel besser beherrscht werden als von den Personen, die in der folgenden Nacht wenig oder gar nicht geschlafen haben.

Ein unausgeschlafenes Kind fällt durch eine gewisse Unruhe, die oft eine Selbststimulation ist, manchmal auch durch Aggressivität und Provokation, fast nie aber durch Gähnen oder Einschlafen auf. Deshalb wird oft nicht erkannt, dass die Ursache für ein auffälliges Verhalten und ein Absinken der Schulleistungen ein Mangel an Schlaf ist.

Bin ich zu groß? Bleibe ich zu klein? Was werden die anderen zu meiner Zahnspange sagen? Wer sich richtig kleidet, gehört dazu. Ob ich da mithalten kann?

Macht Ihr Kind sich Sorgen?

Manchen Kindern gehen am Abend so viele Gedanken durch den Kopf, dass sie nicht zur Ruhe kommen. Es mögen Trennungsängste, allgemeine Ängste, Sorgen um den Zusammenhalt der Familie oder Ängste vor dem kommenden Tag sein, wie ich sie schon bei den Kindern im Kindergartenalter besprochen habe. Es können aber auch Sorgen um Anerkennung in der Gruppe der Gleichaltrigen, Probleme mit der eigenen Entwicklung oder dem Fortkommen in der Schule sein.

Manches Kind fühlt sich von einer hohen Erwartungshaltung der Eltern unter Druck gesetzt oder überfordert sich selbst.

Das Familienklima kann aus den unterschiedlichsten Gründen so ungünstig sein, dass ein Kind nicht wohlig und geborgen einschlafen kann.

Mit Recht denken Sie jetzt: „Ich kann doch nicht alle Familienmitglieder und möglichst noch die gesamte Umwelt so verändern, wie es für mein Kind optimal wäre." Sicher geht das nicht. Aber Sie können Ihrem Kind zeigen, wie es mit der Welt, in der es lebt, zurechtkommen kann. Wenn Sie ihm helfen, die Ereignisse des Tages zu verarbeiten, wird es sich immer wieder vertrauensvoll mit seinen Sorgen an Sie wenden, wird Ihr Verständnis und Ihr Bemühen um Hilfe spüren, und es wird sich am Abend nicht verlassen fühlen müssen, sondern getröstet einschlafen können.

Ich möchte Ihnen Wege zeigen, die ich in meiner verhaltenstherapeutischen Arbeit mit Familien vielfach ausprobiert habe und die gern und erfolgreich von den Familien eingesetzt wurden.

Verschiedene Erfolgsstrategien
Stresstage oder schöne Tage?

Machmal berichten Eltern, dass sie spüren, ihrem Kind gehe es nicht gut. Und sie vermuten, dass es eben deswegen nicht schlafen kann. Sie wissen aber nicht, wie sie mit dem Kind ins Gespräch kommen sollen. Solchen Familien habe ich geraten, doch einmal vierzehn Tage lang ein Protokoll an jedem Abend zu schreiben, in das sie gemeinsam eintragen, welche wichtigen Dinge am Tag geschehen sind. Danach sollen sie entscheiden, ob der Tag ein schöner Tag oder ein Stresstag gewesen ist.

Über schöne Tage werden sich Kind und Eltern freuen, aber Stresstage sind manchmal Schlafverhinderer und sollten möglichst noch verändert werden.

„Ist das denn überhaupt möglich?", werden Sie jetzt wahrscheinlich fragen. Natürlich können Sie Geschehenes nicht aus der Welt schaffen, aber sie können Ihrem Kind helfen, das bedrückende Erlebnis zu verdauen, indem Sie mit ihm darüber sprechen. Sie können dem Kind zeigen, dass Sie seine Gefühle verstehen, oder Sie können mit ihm Wege besprechen, auf denen es etwas, das es vielleicht nicht gut gemacht

Beispiel für ein Protokoll Stresstag/schöner Tag

Wichtiges Ereignis	Art des Tages
Familienkrach, Fernsehsperre	Stresstag
Deutscharbeit zwei	schöner Tag
Großeltern zu Besuch	schöner Tag oder Stresstag
Streit mit Freund/Freundin	Stresstag
Mit Papa zum Angeln	schöner Tag
Schwester will ausziehen	Stresstag
Ruhig, nichts vorgefallen	schöner Tag
Urkunde beim Sportfest	schöner Tag
Prügelei auf dem Schulhof	Stresstag
Karina hat mich vor der Klasse ausgelacht	Stresstag
Fieber und Bauchschmerzen	Stresstag
War richtig gut im Sport	schöner Tag
Schulfrei, viel gespielt	schöner Tag

Was Sie tun können

Ein Streit mit der Freundin ist bedrückend.

hat, am folgenden Tag wieder in Ordnung bringen kann. Manchmal werden Sie auch erleben, dass Ihr Kind sich unnötig Sorgen gemacht hat und Sie irgendetwas leicht richtigstellen können.

Tipp

Probieren Sie einmal aus, wie gut es tut, gemeinsam ein besonders leckeres Abendessen fröhlich zusammen zuzubereiten oder am frühen Abend noch einen kleinen Spaziergang mit wirklich offenen Augen und Herzen Hand in Hand mit dem Kind zu machen, einen Wildblumenstrauß zu pflücken oder die Besonderheiten der Natur in der jeweiligen Jahreszeit zu entdecken.

Buchtipp

Die Bücher „Die Grüne Uhr" und „Die Vogel-Uhr" von Irmgard Lucht oder ähnliche Werke.

Immer wieder hörte ich von den Kindern, dass es auch für sie gar nicht so leicht ist, mit den nichts ahnenden Eltern über ihre Ängste und Sorgen zu reden, obwohl sie sich wünschen, beim Gute-Nacht-Sagen noch für ein paar Minuten mit Vater oder Mutter sprechen zu können oder sie um Rat zu fragen. So wird manche Gelegenheit verpasst.

Ein Protokoll zu führen erscheint manchen Familien zu unnatürlich, zu aufgezwungen. Einen anderen Vorschlag nehmen sie aber oft gerne an.

Was Sie tun können

Mit einem Smiley geht vieles leichter

Besonders Kinder im Grundschulalter folgen gern meinem Rat und zeichnen zwei Smiley-Gesichter, ein lachendes und ein trauriges. Sie nehmen ein Stück Pappe und kleben auf jede Seite ein Gesicht und legen am Abend das Gesicht auf ihre Bettdecke, das ihren Gefühlen entspricht.

Kommt dann die Mutter/der Vater, um Gute Nacht zu wünschen, so sieht sie/er ein Smiley-Gesicht und kann sagen: „Fein, kleiner Smiley, dass es dir so gut geht. Schlaf gut und träume etwas Schönes!" oder: „He, kleiner Smiley, warum so traurig? Kann ich dir helfen, lass uns darüber reden, ja?" Meist ist es dann für das Kind gar nicht mehr schwer, ganz direkt seine Sorgen auszusprechen. Und wenn es der Mutter/dem Vater gelingt, zu trösten oder einen hilfreichen Ratschlag zu geben, wird sie/er plötzlich feststellen, dass nun der lachende Smiley auf der Bettdecke des Kindes liegt. Das Kind wird bald einschlafen, und Mutter und Vater werden Freude verspüren und den Abend genießen.

Was hilft gegen Ängste und Sorgen, die das Einschlafen verhindern?

Leider gibt es auch Geschehnisse, die sehr traurig sind und die Sie nicht ändern können. Zu unserem Leben gehören Verlust, Kränkung und Schmerz, wie sie zum Beispiel bei einem Todesfall in der Familie oder bei der Trennung der Eltern bitter vom Kind erlebt werden. Sie können diese negativen Erlebnisse und Gefühle Ihrem Kind nicht ersparen. Aber Sie können im Falle einer Trennung Ihrem unglücklichen oder ängstlichen Kind sagen, dass Ehepartner sich zwar scheiden lassen können, aber Vater und Mutter immer die Eltern bleiben, dass die Liebe und Zuneigung zum Kind mit der Scheidung nicht aufhört.

Sehr oft können Kinder, deren Eltern in Trennung leben, nicht einschlafen, weil sie glauben, sie seien Schuld an dem Streit und der Trennung; wäre ihr Benehmen oder die Schulleistungen besser gewesen, hätte es nicht so viel Ärger in der Familie gegeben und der Vater oder die Mutter wären nicht weggegangen. Nun wird ein solches Scheidungskind manchmal unnatürlich brav sein, versucht vielleicht die Rolle des fortgegangenen Elternteils zu übernehmen und zum Beispiel die häufig weinende Mutter zu trösten.

> **Tipp**
>
> In einer solchen Situation kann der Elternteil, bei dem das Kind lebt, oft kein rechter Helfer sein, weil er selbst noch zu sehr unter der Trennung leidet. Deshalb möchte ich Sie darauf hinweisen, dass es in vielen Städten und Gemeinden Beratungsstellen für Eltern und Kinder gibt, die neben Einzelgesprächen häufig auch Gruppentreffen für Scheidungskinder in verschiedenen Altersstufen anbieten. Hier erfahren die Kinder, dass auch andere von diesem Schmerz betroffen sind. Sie hören, wie Gleichaltrige mit dem Problem fertig werden und nun wieder fröhlich sein können.

Auch wenn Ihr Kind permanent als einzigen, größten Wunsch äußert, dass Vater und Mutter wieder zusammenleben sollen, so können Sie ihm diesen Wunsch nicht erfüllen. Ihr Kind muss lernen, dass es Wünsche im Leben gibt, die man wie einen Luftballon loslassen muss. Zeigen Sie dem Kind, wie oft und wo neue Freuden auf es warten, wie schön die Welt am kommenden Tag vielleicht wieder sein kann. Dann wird Ihr Kind sich geborgen wissen und leichter einschlafen können.

Was können Sie tun, wenn Sie merken, dass Ihr Kind vor vielen Dingen Angst hat, und die Angst so groß ist, dass sie in den häufigen Träumen des Kindes zu

Manche Wünsche muss man wie einen Luftballon loslassen, denn sie können nicht mehr wahr werden.

spüren ist oder das Kind gar aus Angst vor den schrecklichen Träumen erst gar nicht einschlafen will? Oft fordert auch ein Schulkind noch, dass ein Elternteil bei ihm bleibt, bis es eingeschlafen ist. In der Nacht kommt es ins Bett der Eltern, sobald es kurz erwacht. Nur in ihrer Nähe glaubt es, wieder einschlafen zu können. Die Eltern dieser Kinder können abends weder ausgehen noch je ohne Kind wenige Tage verreisen.

Fallbeispiel Inga

Inga war neun Jahre alt, als die Familie zu mir in die Sprechstunde kam. Es gab einen konkreten Anlass, weshalb die Eltern um Hilfe baten: Die Mutter wollte mit ihrem Damen-Kegelclub drei Tage verreisen, doch Inga „erlaubte" es nicht. Sie konnte schon zu dieser Zeit, Wochen bevor die Mutter verreisen wollte, sehr schlecht einschlafen und forderte immer wieder, die Mutter solle versprechen, nicht mitzufahren. Wenn die Mutter verreisen werde, dann werde sie überhaupt nicht mehr schlafen und auch nicht in die Schule gehen. Den Vorschlag des Vaters, die Mutter in diesen Tagen zu festgelegten Zeiten dreimal am Tag anrufen zu dürfen, hatte Inga mit den Worten „Das reicht nicht! Dann habe ich immer noch Angst" abgelehnt.

Auf meine Frage, wie Inga denn einschlafe, wenn die Mutter mit den Freundinnen zum Kegeln gehe, antwortete die Kleine prompt: „Gar nicht! Ich bleibe auf, bis Mutti wieder da ist. Vati spielt dann mit mir."

Inga war stets ein recht ängstliches Mädchen gewesen, das sich nur ungern von der Mutter trennte. Als sie in den Kindergarten aufgenommen wurde, hatte die Mutter es erreicht, im ersten Jahr solange morgens im Kindergarten bleiben zu dürfen, bis Inga ihr erlaubte, nach Hause zu gehen, um das Mittagessen vorzubereiten. Bis zur Einschulung hatte die Kleine im Bett der Eltern geschlafen. In den letzten Jahren schlief Inga zwar im eigenen Bett ein, machte aber zur Bedingung, dass die Mutter neben ihr lag, bis sie ganz fest schlief.

Inga wünschte sich meist, dass ihre Freundinnen zu ihr zum Spielen kamen. Nur selten ging sie zu anderen, weil sie fürchtete, dass es ihr dort übel werden könne und die Mutter dann nicht da sei. Jahre zuvor hatte Inga einmal beim Spielen bei einer befreundeten Familie erbrechen müssen, nun fürchtete sie, dass es noch einmal passieren könne. Hielt sie sich mit Klassenkameraden im elterlichen Garten auf, so rief sie ihre Mutter häufig ans Fenster, um sich zu überzeugen, dass diese noch da war.

Was Sie tun können

Mutti, meine Mutti, du bleibst bei mir!

Zur Familie gehörte ein weiteres Kind, ein 13-jähriger Sohn, der sich durch „das Getue um die kleine Zicke" arg genervt fühlte. Er beklagte sich, dass immer er, nie aber die Schwester zu Hause Pflichten übernehmen müsse. Nur er müsse immer Sachen aus dem Keller holen, die Garage ausfegen oder den Stall der Kaninchen saubermachen oder Löwenzahn für die Tiere suchen, von denen Inga sogar zwei und ihm nur eins gehörten. „Die Prinzessin hat vor allem Angst und braucht überhaupt nichts zu tun", waren seine wütenden Worte.

An diesem Fallbeispiel möchte ich Ihnen zeigen, wie Sie Ängste Ihres Kindes abbauen können, reine, echte Ängste und auch Ängste wie die von Inga, die sich mit einer guten Portion Machtanspruch gemischt hatten. Inga hatte ihre Familie fest im Griff.

Um ein solches Problem zu lösen, gilt es zunächst einmal festzuhalten, wovor sich ein Kind fürchtet. Ich setze gern ein Blatt ein, das die Figur eines Kindes zeigt. Darunter steht: „Wovor hat das Kind Angst? Schreibe oder male es hinein, dann weißt und siehst du es!"

Es ist für ein Kind sehr viel einfacher, über die Ängste eines anderen als über die eigenen zu reden. Erfährt das Kind, dass es ganz normal ist, irgendwann vor irgendetwas Angst zu haben, und dass Angst in vielen Fällen sogar ein sinnvoller und notwendiger Schutz für uns Menschen sein kann, so ist es in der Regel bereit, nun auch über die Ängste zu sprechen, die es am Tag oder in der Nacht quälen. Auch Inga sah schnell ein, dass einige ihrer Ängste, wie die vor Feuer, heranrasenden Autos, Besteigen von hohen Türmen und vor Bienen und Wespen

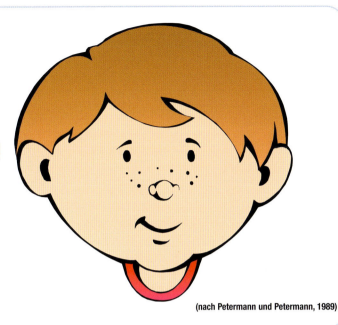

Wovor hat das Kind Angst? Schreibe oder male es hinein, dann weißt und siehst du es!

(nach Petermann und Petermann, 1989)

sicher eine Berechtigung hatten, dass aber ein Teil ihrer Ängste auch für sie selbst lästig war und sie daran hinderte, an manchen Vergnügen teilzuhaben.

Es ist ratsam, alle von dem Kind genannten Ängste auf einem zweiten Blatt mit dem Titel „Das Was-habe-ich-Spiel" zunächst einmal zu notieren, auch wenn diese vielleicht nicht so ganz ernst erscheinen mögen.

Beschreibt das Kind die genannten Ängste näher, so macht es sich bereits die Gedanken, die es benötigt, um seine Ängste auf dem nächsten Blatt, das man ihm gibt, eintragen zu können.

Dieses Blatt ist ein Angstthermometer. Die Skala auf dem Angstthermometer zeigt eine Einteilung von 0 bis 100 Grad Celsius. Ich fordere nun das Kind auf, gut zu überlegen, wie „heiß" die jeweilige Angst sich

Jetzt weiß ich, wovor das Kind Angst hat! Und wovor habe ich Angst?

(nach Petermann und Petermann, 1989)

Was Sie tun können

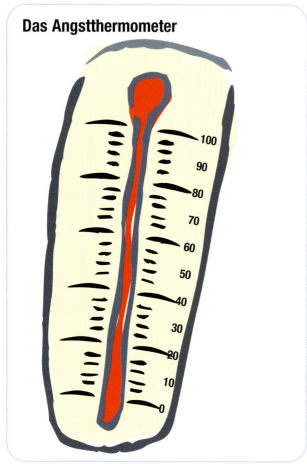

Das Angstthermometer

Ein Gespräch über die Angst vor heranrasenden Autos überzeugte Inga schnell davon, dass sie genügend Fähigkeiten besitze, um sich allein davor zu schützen. Großzügig erklärte sie: „Na ja, die Angst brauche ich wirklich nicht mehr zu haben, die passt für Dreijährige. Wir können sie abhaken!"

„Die Angst vor einem Krieg ist berechtigt", sagte ich ihr. Und dann schlug ich ihr vor, dass wir doch einmal überlegen sollten, wie wahrscheinlich oder unwahrscheinlich es ist, dass hier in Deutschland bald ein Krieg ausbricht. Begeistert erzählte sie mir ihre Gedanken und hörte sich meine Einwände und Mitteilungen an. Das Ergebnis unserer Arbeit war, dass Inga endlich einmal ihre Gefühle und Befürchtungen beim Gedanken an einen Krieg aussprechen durfte und verstand: Es ist nicht notwendig und nicht sinnvoll, an jedem Tag vor etwas Angst zu haben, das wahrscheinlich nicht eintreten wird. Also kann man auch am Abend solche Gedanken wegschieben.

Die Angst vor den Bienen und Wespen haben wir vorerst ausgeklammert, aber die Furcht vor dem Keller, die wollten wir ganz schnell angehen. Damit wollte ich Inga zeigen, wie schnell man ein Problem lösen kann, wenn man es richtig angeht und sich ihm stellt, anstatt es zu meiden. Und natürlich auch, wie gut und stark sie sich fühlen wird, wenn sie über ihr Tun selbst entscheiden kann und nicht von großer Angst gebremst wird.

wohl anfühlt und wo, das heißt bei wie viel Grad Celsius, wir sie eintragen sollen.

Im Fall Inga sah das Blatt folgendermaßen aus:

Das Angstthermometer von Inga

100	Mutti ist nicht da
95	
90	
85	Schreckliche Träume
80	
75	
70	
65	
60	
55	
50	Besteigen von hohen Türmen
45	
40	Wenn ich bei anderen etwas esse, wird mir vielleicht schlecht, deshalb spiele ich erst gar nicht dort
35	
30	Im Keller ist ein Einbrecher
25	Bienen oder Wespen sind im Gras und stechen mich
20	
15	Krieg
10	
5	Heranrasende Autos
0	

Zunächst einmal wollte ich von Inga wissen, was ihrer Meinung nach wohl passieren würde, wenn sie sich entschließen könne, einmal allein runter in den Keller zu gehen, um für den Vater Bier zu holen. „Wenn ich das wirklich tun soll, dann werde ich schreckliche Angst haben, im Treppenhaus wird es noch gehen, aber im Kellerflur werde ich so zittern, dass ich unseren Keller nicht aufschließen kann und dann ..." Plötzlich konnte Inga nur noch unter Schluchzen weiter sprechen: „Ich werde so viel Angst haben, dass ich die Tür gar nicht aufmachen kann. Die Angst wird immer größer werden und ich werde ohnmächtig werden, ich werde schreien,

Angstsituationen können für Kinder ganz unterschiedlich sein. Doch anstatt das Problem zu meiden, können Kinder lernen, sich diesen Situationen zu stellen und die Angst zu überwinden.

ich …" Tränen liefen über Ingas Gesicht und sie sah sehr wütend aus, als sie mir sagte: „Das können Sie mit mir nicht machen!" Über meine Antwort war das Mädchen sehr verwundert. „Das will und werde ich auch nicht machen. Ich wollte wissen, welche Vorstellung du von deiner Angst hast. Und jetzt möchte ich dir sagen, was davon richtig und was falsch ist. Wenn du willst, kannst du ausprobieren, ob meine Meinung stimmt. Willst du das, dann werde ich dir zeigen, wie du es schaffst, ohne zu viel Angst zu haben. Und du wirst dich wundern, wie großartig du dich fühlen wirst, wenn du erst einmal begonnen hast, selber etwas auszuprobieren und nicht immer vor dem Es-könnte-ja … zu zittern." Inga schwieg eine ganze Weile und malte Kreise auf ein Blatt, das vor ihr lag. Wut, Angst und Zweifel fanden in diesen Kreisen ihren Ausdruck, bevor Inga mich herausfordernd ansah und sagte: „Dann sagen Sie doch mal, wie es mit meiner Angst sein wird!"

Nun erzählte ich, dass alle Menschen, die vor irgendetwas Angst haben, glauben, die Angst wachse und wachse, wie ein Berg, der ins Unendliche ansteigt. Wenn diese Menschen aber tatsächlich einmal in die befürchtete Situation geraten, sind sie ganz überrascht, dass die Angst zwar zuerst schnell größer wird, dass sie dann aber nicht mehr zunimmt und nach einer kurzen Zeit sogar anfängt abzunehmen, bis sie ziemlich klein geworden ist. Solch ein Mensch ist dann sehr erstaunt, dass die grässliche Angst

Was Sie tun können

Ich schaffe es, weil ich es will!

plötzlich gar nicht mehr schlimm ist. Und auf einmal fühlt er sich ganz groß und stark und guckt stolz auf die kleine, erbärmliche Angst runter. „Du kleine Angst wirst mich nicht mehr schrecken! Mich nicht", denkt der Mensch dann glücklich.

Inga saß in Gedanken versunken vor mir und schwieg, bevor sie leise sagte: „Könnte stimmen. Ist wie der Scheinriese bei Jim Knopf und Lukas dem Lokomotivführer, nicht?" Ingas Vergleich gefiel mir gut, und sie hatte Recht. Weit weg und in Gedanken daran ist eine Angst auslösende Sache groß und gefährlich, doch steckt man mitten drin, also kommt sie ganz nahe, ist sie gar nicht mehr schlimm.

Ingas Neugier war geweckt, sie wollte es ausprobieren. Und da ich ihr versprach, dass wir uns zuerst die Angst vor dem Keller, die sicher schnell beseitigt werden könne, vornehmen würden, dann aber die große Angst, dass Mutti nicht in ihrer Nähe sei, angehen würden, wollte sie gleich beginnen.

Also machten wir einen Plan, den wir „Das will ich schaffen" nannten.

Damit diese Übung auch ein wenig Freude bereitet, schlug ich Inga vor, dass sie sich Wertmarken verdienen könne, wenn sie ein gesetztes Ziel erreicht hätte.

Das will ich schaffen

Datum	Das will ich schaffen	Versuche	geschafft ja/nein	Belohnung
Mittwoch	Ich gehe allein bis in den Kellerflur	erster		
		zweiter		
Donnerstag	Ich gehe bis zu unserem Keller und packe die Büchsen, die vor der Tür stehen, in einen Korb und bringe sie in die Wohnung	erster		
		zweiter		
Freitag	Ich schließe den Keller auf, gehe rein und hole Bier	erster		
		zweiter		
Samstag	Ich bringe Bier und Limo-Flaschen in den Keller und räume sie in die Kästen	erster		
		zweiter		
Sonntag	Ich nehme im Wäschekeller unsere Wäsche allein ab und bringe sie rauf	erster		
		zweiter		

Beispiel eines Belohnungsplans

Wertmarke	eintauschen gegen
1 Wertmarke	eine Geschichte vorlesen ein kurzes Gesellschaftsspiel spielen 5 Minuten gekrault werden ein kleines Eis sich einen Nachtisch für den nächsten Tag wünschen oder ...
2 Wertmarken	einen Pudding oder etwas anderes kochen dürfen etwas basteln etwas mit Hilfe eines Elternteils reparieren eine kleine Radtour machen Wunschkost für den nächsten Tag oder ...
3 Wertmarken	aussuchen, was am Wochenende unternommen wird Freund oder Freundin einladen mit Vati oder Mutti allein in die Stadt gehen oder ...
4 Wertmarken ...	
viele Wertmarken	ein richtig toller Ausflug in den Zoo oder Zirkus oder einen Vergnügungspark oder ...

Der Einsatz eines Belohnungsplans

Dreh- und Angelpunkt des Plans sind kleine Wertmarken, Punkte oder Chips, die man gewinnen kann, wenn man etwas geschafft hat, sozusagen als Belohnung für die eigene Leistung. Das Kind kann sich für jede bewältigte Aufgabe einen oder mehrere Punkte in eine Tabelle malen, eine Murmel oder einen Knopf in ein Glas geben oder einen kleinen Aufkleber auf ein Blatt kleben. Bevor mit der Vergabe/dem Gewinn begonnen wird, soll ein Belohnungsplan geschrieben werden. In diesen Plan wird eingetragen, wofür ein oder auch mehrere Wertmarken eingetauscht werden können.

Wertmarken sollen nicht gegen Geld (Ausnahmen bilden ältere Kinder und Jugendliche, die sich mit Wertmarken durchaus einmal eine Kinokarte oder etwas Vergleichbares verdienen dürfen) und möglichst auch nicht gegen Fernsehschauen eingetauscht werden. Sie können dazu dienen, dass man innerhalb der Familie wieder Freude daran findet, etwas zusammen zu unternehmen. Im Belohnungsplan sollen die Wünsche des Kindes, nicht die Vorschläge der Eltern zu finden sein. Erziehen und lehren können Sie zu anderen Zeiten und an anderer Stelle. Marken einzutauschen heißt ganz einfach: Spaß haben.

Inga nahm den Das-will-ich-schaffen-Plan mit und versprach, zu Hause einen tollen Wertmarken-Eintausch-Plan zu schreiben. Ich würde staunen, was ihr alles einfiele. Und wenn das stimmte, was ich ihr zu dem Angst-Aushalten gesagt hatte, dann würde ich mir in der nächsten Woche für die Spielzeit in der Therapiestunde wohl etwas Besonderes einfallen lassen müssen.

Eine Anmerkung nebenbei: In der Kinderpsychotherapie ist es üblich, dass ein Teil der Therapiestunde nach den Wünschen des Kindes als Spielzeit gestaltet wird, da ein Kind kaum länger als 30 Minuten konzentriert mitarbeiten kann. Die prompte Belohnung einer solchen Anstrengung hebt die Motivation zur weiteren Mitarbeit deutlich. Der Inhalt der Spielzeit richtet sich nach dem Alter und den Wünschen des Kindes. Beispiele: Gemeinsam etwas malen oder basteln, Gesellschaftsspiele spielen –

Eintauschmöglichkeiten zum Tokenplan: zum Beispiel ein Wunschessen

auch Computerspiele, bei denen ich meist zur Freude des kleinen Patienten verliere, weil ich zu „lahm" bin – Bücher lesen, mit Kasperle-Puppen, Autos oder Murmeln spielen oder das Stelzenlaufen lernen oder ...

Wenn Sie zu Hause mit Ihrem Kind versuchen wollen, Ängste abzubauen, sollten Sie im Rahmen solcher Besprechungszeiten, in denen Sie mit dem Kind z. B. ein Angstthermometer, einen Das-will-ich-schaffen-Plan oder einen Belohnungsplan erstellen oder über die kleinen Erfolge oder auch Misserfolge sprechen und neuen Mut sammeln, immer auch eine kleine gemeinsame Spielzeit durchführen.

Inga behielt Recht. Als ich sie wiedersah, strahlte sie mich an und sagte lachend: „Null Problem mit dem Keller. Wer soll denn da schon drin sein! Fangen wir jetzt mit der ganz heißen Angst an?"

Ich hatte auf einen ähnlichen Erfolg gehofft und mir überlegt, dass ich dem Bücherwurm Inga das Buch von Antoine de Saint-Exupéry „Der kleine Prinz" mitbringen und vorlesen könnte. Inga kannte dieses Buch nicht und war einverstanden. Ich hoffte, dass sie das Buch mögen würde und es ihr helfen könnte, die Trennungsangst zu überwinden. Sagt doch der kleine Prinz: „Es genügt, wenn man zum Himmel hinauf schaut, um glücklich zu sein. Meine Blume ist da oben irgendwo." Oder an einer anderen Stelle heißt es : „Man sieht nur mit dem Herzen gut. Das Wesentliche ist für die Augen unsichtbar."

Klar hab' ich das geschafft!

Und so konnte auch Inga in den nächsten Wochenstunden lernen, dass sie mit der Mutter, die sie doch ganz tief und fest in ihrem Herzen trägt, verbunden bleibt, auch wenn diese nicht in ihrer unmittelbaren Nähe ist.

Wir übten die Trennung in kleinen Schritten, so wie wir den Weg in den Keller geübt hatten.

Der Das-will-ich-schaffen-Plan enthielt die Schritte:

- nicht mehr ständig kontrollieren, ob Mutti noch in der Wohnung ist,

- Mutti kurz fortgehen lassen, ohne zu wissen, wohin sie geht,

- selber zu Freunden gehen ohne Muttis Begleitung,

- allein einschlafen, wenn Mutti zu Hause ist,

- ins Bett gehen und dort bleiben, wenn Mutti kegeln geht,

- allein einschlafen, wenn Mutti kegeln geht,

- akzeptieren, dass Mutti die Kegeltour mitmacht.

Und als der große Bruder sagte: „Ich glaube, du schaffst es wirklich, du bist richtig stark geworden", verbesserte Inga ihn und meinte: „Richtig groß geworden!" Und es hat geklappt!

Dass Inga während Mutters Kegelausflug am Abend neben dem Telefon hockte und auf den Anruf der Mutter wartete, konnte ihre Familie verstehen, denn es braucht halt ein wenig Zeit, bis man eine Angstsituation endgültig im Griff hat.

Welche Ängste auch immer Ihr Kind daran hindern, allein einzuschlafen, versuchen Sie, ihm Folgendes zu erklären:

- Nur wenn man sich einer Angstsituation stellt, kann man erfahren, dass diese Situation gar nicht so gefährlich ist, wie man geglaubt hat.

- Ängste und grausige Träume verlieren ihre Schrecken, wenn man über sie spricht oder wenn das Kind ein Bild dazu malt. Oft ist es auch hilfreich, sich mit einer Geschichte eine andere Lösung des schrecklichen Traumes vorzustellen oder sich auszumalen, wie alles wäre, wenn das Kind übernatürliche Kräfte oder einen Freund mit übernatürlichen Kräften hätte. Auch wenn das Kind letztlich weiß, dass solche Gedanken nicht unserer Realität entsprechen, können sie ihm helfen, mit der Angst fertig zu werden. Der Schlaf des Kindes wird schneller eintreten und ruhiger verlaufen, da es sich angenommen, verstanden und geborgen fühlen kann.

Buchtipp

Ein Buch, das Eltern und Kindern zeigt, dass Angst nützlich und schützend sein, zu viel Angst aber krank machen kann, ist das Buch „Manchmal habe ich solche Angst, Mama" von Hans-Jürgen Friese und Antje Friese.

Schlafprobleme bei Jugendlichen

Viele Jugendliche klagen über Tagesmüdigkeit und manche über wilde Träume in der Nacht, aus denen sie völlig erschöpft erwachen. Diese Träume treten besonders häufig an den Wochenenden auf, wenn die jungen Menschen, die entsprechend der Lebensgewohnheit unserer heutigen Jugend in der Woche selten vor Mitternacht zu Bett gehen und morgens früh aufstehen müssen, um zur Schule zu gehen, endlich einmal richtig ausschlafen wollen. Die Jugendlichen glauben, dass sie sich am Samstag und Sonntag durch einen Schlaf bis zur Mittagszeit oder sogar noch länger richtig erholen werden, und stellen fest, dass sie eher missgelaunt, wenn nicht sogar depressiv verstimmt nach einer solchen langen Schlafzeit aufwachen. Trotz der Versuche, den in der Woche entstandenen Schlafmangel am Wochenende zu beseitigen, verspüren die Jugendlichen keine Abnahme des Schlafdrucks. Wie ist das möglich?

Erinnern Sie sich noch an die Ergebnisse der Schlafforschung, die ich Ihnen am Anfang des Buches schilderte? Sie haben erfahren, dass es unterschiedliche Schlafphasen gibt, den Tiefschlaf und den Traumschlaf. Im Tiefschlaf mit seinen vier Stufen schaltet unser Organismus auf Ruhe und Erholung. Puls und Atmung werden langsamer, die Körpertemperatur sinkt ab. Die Ausschüttung des Stresshormons Cortisol ist gering. Wir finden normalerweise beim Jugendlichen und Erwachsenen im Vergleich zum jungen Kind eine deutliche Zunahme des Non-REM-Schlafes (Tiefschlafes) und eine Abnahme des REM-Schlafes (der Traumschlafzeit). Der erholsame Tiefschlaf findet vornehmlich in der ersten Nachthälfte statt. Die zweite Nachthälfte ist von leichterem Tiefschlaf und vom Traumschlaf beherrscht.

Der Traumschlaf ist gegenüber dem Tiefschlaf ein wesentlich aktiverer Zustand. Der Körper verbraucht

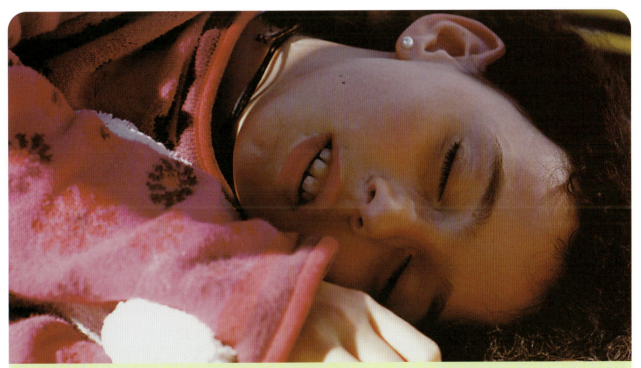

Wer täglich erst nach Mitternacht zu Bett geht, wird am Tag gegen Müdigkeit zu kämpfen haben.

Wie komme ich in diese tolle Clique?

mehr Sauerstoff, der Geist „erwacht" sozusagen, aber er erwacht nicht vollständig, er reagiert auf Signale, die vom Innern des Körpers kommen. Das Ergebnis dieser Reaktionen ist erstens die Bildung von Gedächtnisleistungen (wir speichern sozusagen das Gelernte im Langzeitgedächtnis ab) und zweitens der Traum.

Wenn nun ein Jugendlicher, der etwa acht bis zehn Stunden Schlaf benötigt, entsprechend der Gewohnheit unserer heutigen Jugend um 24.00 Uhr oder später zu Bett geht und in der Regel um 7.00 Uhr wieder aufstehen muss, so wird er zunehmend einen größeren Schlafdruck verspüren, weil ihm täglich einige Stunden Schlaf fehlen.

Da die körperliche Erholung hauptsächlich im tiefen Tiefschlaf (Stadium III und IV) der ersten Nachthälfte erreicht wird, wird dieser Jugendliche sich morgens noch müde fühlen, und es wird ihm wenig helfen, wenn er am Wochenende ebenfalls erst nach Mitternacht zu Bett geht und dann bis zum Mittag schläft. Seinem Körper fehlt auch dann der erholsame Tiefschlaf von mehreren Stunden, da die lange Schlafenszeit am Vormittag überwiegend aus REM-Schlafphasen besteht.

Wie Sie mit Ihren Großen Kompromisse schließen

Nun werden Sie fragen, was Sie tun können, damit Ihr Heranwachsender den für seine Entwicklung so dringend benötigten erholsamen Tiefschlaf bekommt. Ich meine nicht, dass Sie als Eltern Ihrem Sprössling Schlafzeiten aufzwingen können. Aber ich denke, Sie können dieses Wissen um die unzureichende Erholung am Wochenende trotz vieler Schlafstunden an Ihren Jugendlichen weitergeben. Wenn die jungen Menschen die Zusammenhänge verstehen und erleben, dass die Eltern ihnen nicht eine andere Lebensweise aufzwingen wollen, sondern sie anregen wollen, einen Weg zu größerem Wohlbefinden zu finden, dann sind sie meist offen für ein Gespräch.

Ich pflege mit diesen Jugendlichen zu überlegen, ob sich nicht an ein oder zwei Tagen in der Woche ohne Einbuße von geselliger Freude eine frühere Schlafenszeit einführen ließe. Ich habe sie gebeten, es sich zu überlegen und diesen Plan auszuprobieren und mir nach zwei Wochen einen ehrlichen Bericht darüber zu geben, was sie probiert und wie sie sich gefühlt haben. Immer wieder war ich erfreut, weil die meisten von ihnen sich zwei, manchmal sogar drei Schlaftage in der Woche ausgesucht hatten, an denen sie zwischen 21.00 und 22.00 Uhr zu Bett gegangen waren. Es blieben noch genug Tage, um spät abends mit den Freunden zusammen zu sein. Und das Wohlbefinden sowie die Konzentrationsfähigkeit in der Schule haben sich in kurzer Zeit deutlich verbessert. Mein Vorschlag konnte akzeptiert werden, weil ich ein Angebot gemacht, nicht aber eine Forderung gestellt hatte.

Ängste als Schlafverhinderer

Auch Jugendliche leiden manchmal unter Ängsten, die sie tags als Panikattacke oder phobische Ängste (zum Beispiel: Angst in einer großen Menschenmenge; Angst über einen großen Platz zu gehen, mit einer Rolltreppe oder im Aufzug zu fahren; Angst, vor anderen Menschen reden zu müssen) erleben und die ihnen am Abend als Angst vor der Angst quälend zu schaffen machen, sodass sie nicht einschlafen können. Nun sind Ängste aber nicht angeboren, sondern es ist höchstens eine Bereitschaft zur Angst als besondere Empfindsamkeit teilweise angeboren. Und deshalb ist es wichtig zu erwähnen, dass panische und phobische Angst weitgehend gelernt oder auch anerzogen wird. Angst kann folglich auch wieder verlernt werden.

Es würde den Rahmen dieses Buches sprengen, wenn ich auf die Angststörungen des Jugendalters eingehen, die Ängste besprechen würde, die der junge Mensch fühlt, wenn ...

- ... er das Vertrauen in seinen Körper verloren hat und sich vor Ohnmachtszuständen, Krankheit und Tod fürchtet,
- ... er das Vertrauen in die eigene geistige Zurechnungsfähigkeit verloren hat und fürchtet, verrückt zu werden,
- ... er sein Selbstvertrauen verloren hat und sich vor einer Blamage fürchtet,

- ... er Angst vor bestimmten Situationen,
- ... er eine phobische Angst (z. B. Platzangst),
- ... soziale Ängste
- ...oder eine generalisierte Angststörung hat.

All diese Ängste und zahlreiche Fragen nach dem „Wie bin ich, wer bin ich, wie will ich sein und wie will ich einmal leben?" können echte Schlafverhinderer sein.

Ich kann Ihnen an dieser Stelle nur einige Literaturhinweise geben, die mir als Hilfe zum Abbau der Ängste für die jungen Menschen geeignet erscheinen und die Ihnen als Eltern helfen können, die Not Ihrer Kinder zu verstehen:

> ### Buchtipps
> „Selbsthilfe bei Angst im Kindes- und Jugendalter" von Sigrun Schmidt-Traub
>
> „Von den Schwierigkeiten, erwachsen zu werden" von Francoise Dolto und Catherine Dolto-Tolitch
>
> „Kinder stark machen gegen die Angst. Wie Eltern helfen können" von Ulrich Rabenschlag

Den jungen Menschen habe ich gern einen Spruch auf einem kleinen Poster mitgegeben: „Ob du denkst, du schaffst es, oder du denkst, du schaffst es nicht – du hast Recht!" Sie haben dieses Blatt meist kommentarlos, manchmal etwas grinsend mitgenommen. Aber irgendwann haben sie mir erzählt, dass ihre Clique den Spruch „echt stark" findet, dass er in ihrem Zimmer an der Wand hängt.

Sind die Ängste Ihres heranwachsenden Kindes groß und anhaltend, so zögern Sie nicht, bei Fachkräften um Hilfe zu bitten. Eine erfolgreiche Behandlung von Ängsten ist durchaus möglich.

Was Sie tun können

Was Eltern sonst noch Sorgen macht

Sie haben Ihr Kind schon einmal nachts durch die Wohnung wandeln sehen? Oder Ihr Kind schreit und hat Atemprobleme im Schlaf? Dann blättern Sie weiter!

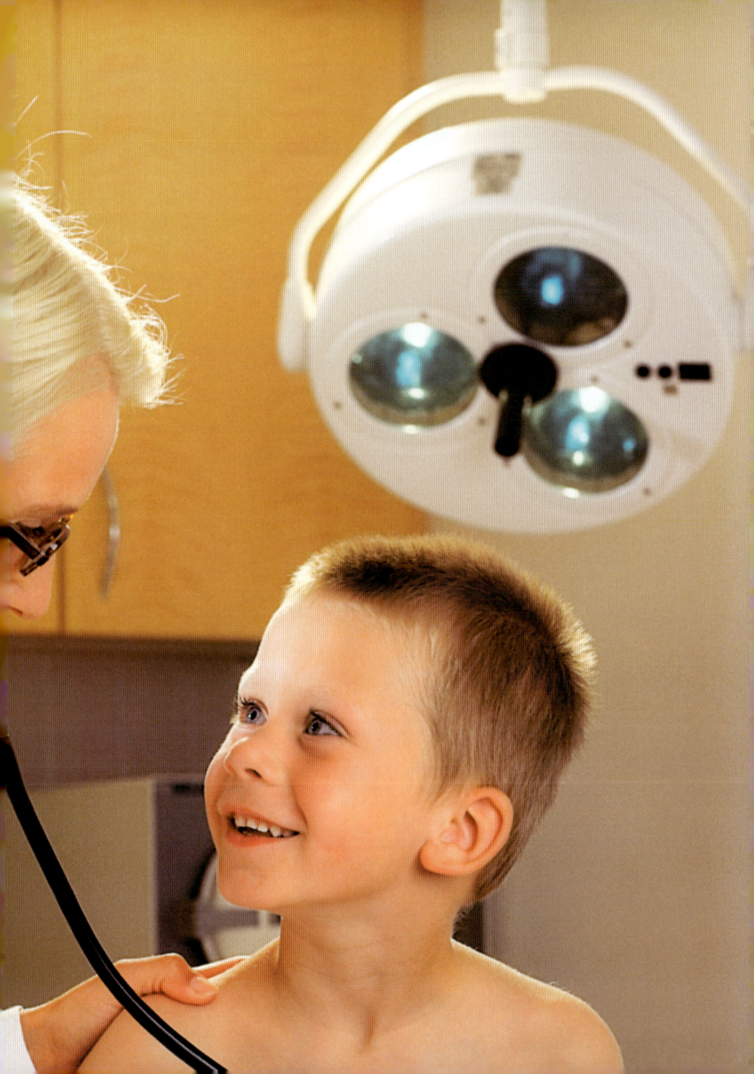

Plötzlicher Kindstod

Irgendwann hat jeder von uns gehört, dass es den plötzlichen Kindstod (SIDS, sudden infant death syndrome) gibt, dass ein gesund erscheinendes Baby ohne irgendwelche vorangegangenen Hinweise im Schlaf gestorben ist.

> **Definition**
>
> Man redet dann vom plötzlichen Kindstod, wenn der Tod eines Säuglings plötzlich und unerwartet eintritt und es keine sichere medizinische Erklärung gibt.

Allerdings gibt es im Säuglingsalter auch unerwartete Todesfälle, deren Ursache Anomalien sind, die Herz, Atmung oder Stoffwechsel betreffen. Solche Erkrankungen können in einer Familie gehäuft auftreten. In diesem Fall ist eine humangenetische Beratung der Eltern zu empfehlen.

Als weitere Ursachen eines plötzlichen Kindstods werden explosionsartig sich entwickelnde bakterielle oder virale Infektionen, Bauchlage des Säuglings beim Schlafen, Überwärmung und Instabilität oder auch Unreife von vitalen Funktionen wie Kreislauf, Atmung, Verdauung oder Nervensystem diskutiert.

Wenn junge Eltern mit ihrem Kind aus der Klinik nach Hause kommen, kann dieses Wissen um die Möglichkeit eines plötzlichen Kindstods so bedrohlich werden, dass die Eltern selbst keine Ruhe mehr finden können. In kurzen Abständen zieht es sie zum Bettchen ihres Kleinen, um zu überprüfen, ob es dem Kind noch gut geht, ob es ruhig atmend friedlich schläft. Meist stören die Eltern mit ihrer Sorge sogar den Schlaf des Kindes, weil sie ihr Kleines anfassen müssen, um ganz sicher zu sein, dass alles in Ordnung ist.

Die Eltern behalten diese Sorgen oft für sich, weil sie nicht als überängstlich gelten wollen und auch vielleicht nicht wissen, wer ihnen ihre Befürchtungen zerstreuen kann. Hinter mancher Frage wie: „Es ist doch alles in Ordnung Herr/Frau Doktor?" mögen solche quälenden Ängste stehen. Deshalb erscheint es mir wichtig, in diesem Buch auch auf das Thema

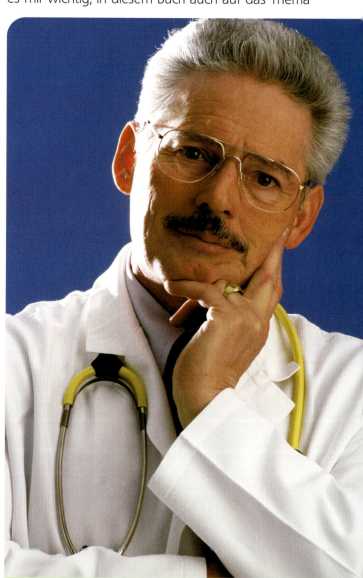

Regelmäßige Arztbesuche beruhigen die Eltern und gehören zu den Vorbeugungsmaßnahmen auch gegen den plötzlichen Kindstod.

plötzlicher Kindstod einzugehen, um Ihnen zu zeigen, dass Sie zuversichtlich sein und vieles zum Schutz Ihres Kindes tun können.

Einige Daten aus der Wissenschaft werden Ihnen zeigen, dass das Risiko zwar da ist, dass wir es aber heute sehr stark minimieren können. Dafür benötigen junge Mütter und Väter

- sachliches Wissen statt unvollständiger und furchterregender Gerüchte und

- Kenntnisse über Vorbeugemaßnahmen.

Lange Zeit betrug die Häufigkeit des plötzlichen Kindstodes in Kulturländern eins auf 1000 Lebendgeborene. In vielen Ländern bemühte man sich auf teils unterschiedlichen Wegen, diese Rate zu senken. Es zeigte sich bald, dass Länder wie die Niederlande, die mit großem Einsatz Aufklärung bei Schwangeren und jungen Eltern betrieben, sehr erfolgreich waren. Sie sind mit 0,11 Fällen von plötzlichem Kindstod auf 1000 Lebendgeburten am geringsten betroffen. Deutschland rangierte lange am Ende der Skala hinsichtlich des plötzlichen Kindstodes. Doch nachdem in anderen Ländern auch gezeigt werden konnte, dass die SIDS-Häufigkeit durch gesundheitserzieherische Kampagnen kurzfristig und nachhaltig um 50 bis 90% gesenkt werden kann, begann auch in Deutschland der Siegeszug der Prävention. Heute gibt es zielgruppenorientierte gesundheitserzieherische Aktionen, die den jungen Frauen während der Schwangerschaft beim Frauenarzt, in den Entbindungshäusern und später den Eltern beim Kinderarzt oder praktischen Arzt im Rahmen der ersten Untersuchungen des Kindes angeboten werden.

Viele Fachleute und deren Hilfskräfte sind gut geschult und geben ihr Wissen weiter. Der Erfolg zeigt sich in der sinkenden Säuglingssterblichkeit.

Welches sind wirksame Präventionsmaßnahmen, die werdende oder junge Eltern kennen und beachten sollten?

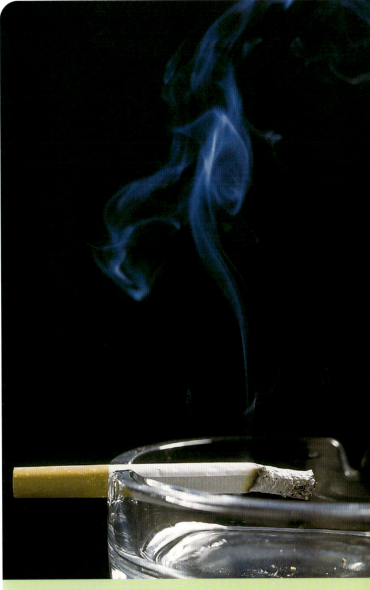

Zigarettenrauch in der Umgebung eines Babys bedeutet eine Gefahr für seine Gesundheit.

Maßnahmen, die die Gefahr des plötzlichen Kindstodes verringern:

- Rauchen Sie nicht in der Schwangerschaft und verzichten Sie in dieser Zeit auf Alkohol.

- Achten Sie wenigstens im ersten Lebensjahr auf eine rauchfreie Umgebung für Ihr Kind.

- Die Rückenlage ist die sicherste Lage für den gesunden Schlaf Ihres Babys.

Was Eltern sonst noch Sorgen macht

- Ihr Baby soll beim Schlafen auf einer festen Unterlage ohne Kopfkissen liegen.

- Das Kind soll im ersten Lebensjahr im eigenen Bett im Schlafzimmer der Eltern schlafen.

- Ihr Baby soll im Schlaf nicht schwitzen müssen (Raumtemperatur 18 bis 20°C). Lassen Sie ihr Kind nicht unter einer dicken Bettdecke, sondern in einem Strampelsack schlafen.

- Enger Körperkontakt und Stillen tut Ihrem Baby gut.

Was sollten Sie sonst noch beachten?

- Entfernen Sie aus dem Babybettchen alles, was eine Gefahr des Erstickens oder Strangulierens mit sich bringen kann.

- Lüften Sie das Schlafzimmer ausreichend (kurzes Durchlüften).

- Lassen Sie kein Haustier im Schlafzimmer des Kindes zu.

- Achten Sie darauf, dass Ihr Kind besonders bei warmem Wetter genügend trinkt.

- Sorgen Sie für möglichst gleichbleibende Essens- und Schlafzeiten.

- Stillen Sie Ihr Kind, wenn möglich, etwa sechs Monate lang.

- Nehmen Sie die Vorsorgeuntersuchungen bei einem Kinderarzt wahr.

- Wenn Sie selber in den Monaten des Stillens Medikamente benötigen, besprechen Sie dieses mit Ihrem Frauen- oder Kinderarzt.

Wenn Sie diese Ratschläge akzeptieren und beachten, haben Sie alles nur Mögliche getan, um Ihr Kind zu schützen, und brauchen ein so schreckliches Geschehen wie den plötzlichen Kindstod nicht täglich zu befürchten. Freuen Sie sich an Ihrem gesunden Kind und genießen Sie seine wunderbare Entwicklung, denn die überwältigende Mehrheit der Säuglinge ist keinerlei Risiko ausgesetzt!

Abnorme episodische Ereignisse im Schlaf (Parasomnien)

Kopfschlagen, Wippen und Zucken der Gliedmaßen (Jaktationen)

Manchmal beobachten Eltern, dass ihr Kind am Abend vor dem Einschlafen, manchmal auch am Morgen nach dem Aufwachen, einige Minuten oder sogar länger rhythmisch seinen Kopf bewegt. Es schaukelt ihn von einer zur anderen Seite oder es geht in den Vierfüßlerstand und stößt seinen Kopf in die Matratze, in das Kopfkissen oder sogar fest gegen das Kopfende des Bettchens. Wenn dann noch jemand erwähnt, dass Kinder solche Selbststimulierung ausüben, weil sie nicht genügend Zuwendung erhalten (im Volksmund heißt es: Kopfschlagen sei ein typisches Symptom bei Heimkindern, die nicht genügend Liebe erhalten), sind Eltern voller Sorge und fühlen sich schnell schuldig. Deshalb ist es mir wichtig, Ihnen mitzuteilen, was wir heute über dieses auffällige Verhalten der Kinder wissen:

Bei jungen Kindern, die eine normale, altersgerechte Entwicklung zeigen, sind Kopfschlagen, Kopfrollen und Schaukeln auf allen Vieren häufiger zu beobach-

Rhythmische Bewegungen lieben die meisten Kinder. Wird dieser Wunsch am Tag erfüllt, treten Schaukeln und Kopfschlagen abends selten oder gar nicht auf.

ten. Dieses Verhalten weist im Kleinkindalter in der Regel nicht auf seelische oder neurologische Störungen hin.

Anders ist solches Verhalten zu beurteilen, wenn ein Kind in seiner Entwicklung zurückgeblieben, blind oder taub ist oder autistische Züge zeigt. Eltern, deren Kinder solche Probleme aufweisen, sind aber in der Regel in der Betreuung eines Kinderarztes und finden dort Beratung und Hilfe.

Rhythmisches Wippen lieben fast alle Kinder. Die meisten tun dies am Tag, besonders gern beim Hören von Musik. Etwa 5 Prozent aller Kleinkinder zeigen in Zusammenhang mit dem Schlafen rhythmische Verhaltensweisen. Diese treten meist nicht vor dem sechsten Lebensmonat auf und verlieren sich nach einigen Monaten, spätestens im zweiten oder dritten Lebensjahr wieder.

Eltern werden verständlicherweise durch solches Tun ihres Kindes beunruhigt oder geängstigt, besonders, wenn das Kind ein Kopfschlagen zeigt, das in der ganzen Wohnung zu hören ist. Aber lassen Sie sich beruhigen: Ein normal entwickeltes Kind wird sich in der Regel dabei nicht ernsthaft verletzen. In der Entwicklung zurückgebliebene Kinder, die manchmal ihren Kopf sehr fest anschlagen, benötigen eine gründliche fachärztliche Untersuchung und Schutzmaßnahmen. Ein solches Kind kann einen Helm tragen.

Fallbeispiel Uwe

Uwe war 14 Monate alt, als die Mutter voll Sorge berichtete, dass sie nicht mehr ruhig schlafen könne, weil der Junge abends und nun auch ein- bis zweimal nachts heftig mit seinem Köpfchen gegen das Holz des Bettes schlage. „Es sieht aus, als wolle er sich betäuben oder als mache es ihm Freude, sich zu verletzen", waren die Worte der Mutter. Weiterhin erzählte sie, dass Uwe bis zum Alter von acht Monaten wunderbar und ganz ruhig am Abend eingeschlafen sei und die Nacht meist durchgeschlafen habe. Irgendwann habe er begonnen, während des Einschlafens seinen Kopf hin und her zu bewegen. Sie habe sich dadurch nicht ängstigen lassen, da sie gehofft habe, dieses Kopfschaukeln werde sich wieder verlieren. Nun gehe der Junge aber regelmäßig abends, wenn sie das Zimmer verlasse, in den Vierfüßlerstand und stoße kräftig im Sekundentakt mit seinem Kopf gegen das hölzerne Kopfende seines Bettes. Sie habe versucht, eine Decke als Polster anzubinden, doch Uwe habe wütend so lange daran gezerrt, bis er wieder eine harte Stelle gefunden habe, um seinen Kopf anzuschlagen. Es sei so schrecklich, dass sie schon am Tag Angst vor dem Abend habe.

Wie konnte ich dieser besorgten Mutter helfen? Zunächst zeigte sich bei der Untersuchung sehr schnell, dass der kleine Junge ein aufgewecktes, altersgerecht entwickeltes Kind war. Ich versuchte die Mutter zu beruhigen, indem ich ihr erklärte, dass das auffällige Verhalten ihres Kindes kein Hinweis auf eine Erkrankung oder ernste Störung sei und das Kopfschlagen nach einiger Zeit aufhören werde. Mein Rat, dass die Eltern versuchen sollten, es möglichst wenig zu beachten, reichte der Mutter aber offensichtlich nicht. Also schlug ich vor,

- eine laut tickende Uhr im Kinderzimmer aufzustellen. Oft wird auch geraten, ein Metronom ans Kinderbett zu stellen, da dieses lauter als eine Uhr tickt und den Wunsch des Kindes nach einer rhythmischen Stimulierung erfüllt. Doch bin ich von beiden Ratschlägen nicht sehr überzeugt; von letzterem schon deshalb nicht, weil ein Metronom nachts, wenn das Kind kurz erwacht, meist nicht mehr läuft.

- das Kind am Tag viel krabbeln und laufen zu lassen und rhythmische, kleine Bewegungsspiele zu machen. Solche Spiele werden von den Kleinen meist mit Begeisterung aufgenommen. Ist das Kind infolge reichlicher Bewegung oder kräftigen Austobens im Freien richtig müde, schläft es am Abend schnell ein.

- den Kleinen nicht zu früh hinzulegen, sondern mit ihm nach seinem abendlichen Bad eine Schmuse- und Streichelmassage-Zeit einzuführen.

Sollte das alles nicht helfen, sollte man seine Matratze auf den Boden legen und das Bettgestell für ein paar Wochen abbauen.

Die strahlende Mutter berichtete nach wenigen Wochen, dass Uwe sehr schnell sein Kopfschlagen eingestellt hat. Uwe hat nie auf der Matratze auf dem Boden geschlafen, da er nun an jedem Abend so müde war, dass ihm schon beim Schmusen nach dem Baden die Augen fast zufielen. Die Eltern haben ihn in sein Bettchen gelegt, er ist schnell eingeschlafen und niemand hat mehr das Geräusch des Kopfschlagens vernommen.

Wenn Sie beobachten, dass die Ärmchen oder Beinchen Ihres Kindes nachts im Schlaf hin und wieder heftig zucken und das Kind dabei auch kurz stöhnt oder aufschreit, so ist auch dieses Verhalten oft harmlos und wird sich in kurzer Zeit verlieren.

Nach einem erlebnisreichen glücklichen Tag schläft ein Kind schnell ein.

Wenn Ihr Kind aber am Tag in seinem Verhalten verändert ist, zum Beispiel auffallend müde ist, und die Zuckungen regelmäßig auftreten, ist ein Besuch beim Kinderarzt ratsam. Schildern Sie Ihre Beobachtungen. Ihr Arzt wird entscheiden, ob es notwendig ist, ein Krampfleiden auszuschließen.

Tritt Kopfschlagen oder Wippen bei älteren Kindern erstmals oder nach einer langen Pause wieder auf, so hat es eine andere, meist seelische Ursache und benötigt eine andere Behandlung. Es mag sein, dass Ihr Kind seine Erlebnisse (wie Trennung der Eltern, Krankheit in der Familie, Probleme durch Arbeitslosigkeit oder Sucht eines Familienmitgliedes) oder Ängste (zum Beispiel Schulschwierigkeiten oder Kontaktschwierigkeiten mit Gleichaltrigen) nicht bewältigen kann und nun durch diese Stimulierung zu verhindern sucht, dass die ängstigenden Gedanken allzu gegenwärtig sind. In einem solchen Fall versuchen Sie am Tag mit Ihrem Kind ins Gespräch zu kommen, wie auf Seite 104 ff. beschrieben.

Meist ist es aber zusätzlich nötig, die Hilfe einer Beratungsstelle in Anspruch zu nehmen, besonders dann, wenn das auslösende Problem auch Ihnen sehr zu schaffen macht und Sie weder den Abstand noch die Kraft finden können, um Ihrem Kind den nötigen Halt zu geben.

Schlafwandeln (Somnambulismus) und Nachtschreck (Pavor nocturnus)

Manche Vorkommnisse im Schlaf eines Kindes belustigen die Familie, wenn sie nur einmal oder ganz selten auftreten, und wenn vielleicht aus der Erzählung der Großeltern bekannt ist, dass Vater oder Mutter im Kleinkindalter auch gelegentlich durch das Haus gegeistert sind.

Was Eltern sonst noch Sorgen macht

Ein Kind, das nachts wach wird, weil es vielleicht schlecht geträumt hat, nimmt – anders als ein Schlafwandler – seine Umgebung wahr und erkennt seine Eltern.

Sind diese Auffälligkeiten aber häufiger oder in stärkerem Ausmaß zu beobachten, dann ängstigen sie die Eltern sehr. Ich meine hiermit das Schlafwandeln und das im Folgenden besprochene Phänomen des Nachtschrecks (Pavor nocturnus).

> **Definition**
>
> Ein Mensch schlafwandelt, wenn er während seines nächtlichen Schlafes motorisch aktiv ist. Ihm ist nicht bewusst, was er tut, und er kann sich am Morgen nicht an sein Tun erinnern.

Schlafwandeln kommt in ganz unterschiedlichen Formen vor. Bei der leichten Form setzt sich das Kind vielleicht nur in seinem Bett auf oder steht auf und geht nur wenige Schritte, um dann wieder in das Bett zurückzukehren. Bei stärkeren Formen kann das Kind sein Zimmer verlassen, ohne wirklich wach zu sein durch die Wohnung oder das Haus laufen und auch gezielte Handlungen ausführen. Diese Handlungen sind nicht die Ausführung eines erlebten Traumes, denn man konnte nachweisen, dass Menschen sich während des Schlafwandelns in einer Phase des Tiefschlafes befinden, in der Träumen nicht möglich ist.

Wäre der Mensch zu dieser Zeit in einer Traumphase, so könnte er, wie Sie im Kapitel „Die Schlafphasen" erfahren haben, seine erlebten Trauminhalte nicht ausführen, da die Impulse vom Gehirn zu dieser Zeit nicht an die peripheren Muskeln weitergeleitet werden.

Schlafwandeln tritt besonders im Kleinkindalter häufiger auf und ist zu dieser Zeit kein Hinweis auf eine seelische oder neurologische Störung. Es wird meist in den ersten Stunden des Schlafes beobachtet, da das Kind sich zu dieser Zeit in der Stufe IV des Tiefschlafes (Non-REM-Phase) befindet. Hat es einen Schlafzyklus durchlaufen, so würde es normalerweise kurz aus dem Schlaf auftauchen, um seinen nächsten Schlafzyklus zu beginnen. Nun gibt es aber Familien, in denen der Wechsel zwischen den einzelnen Schlafphasen aufgrund einer im Erbgut verankerten leichten Entwicklungsverzögerung oder -störung in diesem jungen Alter noch nicht so glatt abläuft wie erwünscht. Solche Zustände, in denen das Kind sozusagen eine kurze Zeit zwischen den Schlafzuständen hängen bleibt, das heißt unvollständig erwacht, führen dazu, dass es Schlafwandeln oder auch einen Nachtschreck zeigt. Leitet man zu dieser Zeit ein Hirnstrombild (EEG) ab, so findet man Gehirnströme des Tiefschlafes, des Dämmer- und des Wachzustandes miteinander vermischt. Das Kind scheint wach, aber es ist es nicht.

Beim Schlafwandeln steigt das Kind in der Regel aus seinem Bett und läuft im Zimmer umher. Es hat zwar seine Augen geöffnet, aber es erkennt die Eltern, durch die es sozusagen durchguckt, nicht. Es nimmt wenig von seiner Umgebung wahr.

Fallbeispiel Karina

Karina war vier Jahre alt und hatte einen kleinen Bruder von sieben Monaten. Das Mädchen war gesund, fröhlich und sehr lebhaft und ging am Abend stets gern ins Bett. Die Eltern glaubten, dass Karina nachts durchschlief, bis die Mutter beim nächtlichen Stillen des wenige Wochen alten Sohnes Geräusche aus dem Kinderzimmer hörte. Als sie nachschaute, sah sie, dass Karina mit offenen Augen vor dem Schrank stand, sich dann umdrehte und ohne auf den Ruf der Mutter zu reagieren zu ihrem Bett ging, hineinkrabbelte, sich zudeckte und, nachdem sie noch etwas gemurmelt hatte, wieder einschlief. Erschrocken blieb die Mutter noch eine Zeit im Kinderzimmer, konnte aber nichts Auffälliges mehr feststellen. In den folgenden Tagen sahen die Eltern in regelmäßigen Abständen nach ihrer schlafenden Tochter, doch diese lag ruhig in ihrem Bett.

Hin und wieder merkten die Eltern, dass das Kind seine Schlaflage verändert hatte, doch wussten sie, dass dies zu einem normalen Schlafverhalten gehört. Einige Wochen später wurden sie vom Klappen einer Tür geweckt. Als sie ins Kinderzimmer kamen, war Karinas Bett leer und das Mädchen nirgends zu sehen. Da Karina auch nicht im Wohnzimmer war, beschlich die Eltern Angst. Sie fanden ihre Tochter bald vor der Kellertür, doch schien das Kind die Eltern nicht zu sehen. Karina kam auf die Mutter zu, ging ganz knapp an ihr vorbei und stieg die Treppen hoch. Als die Mutter sie berührte, wurde das Mädchen unruhig, fast böse. Sie antwortete nicht auf die Fragen der Eltern und schlug wild um sich, als der Vater sie hochnahm, um sie ins Kinderzimmer zu tragen. Erschüttert sahen die Eltern zu, wie Karina, ohne von ihnen Notiz zu nehmen, sich wieder zum Schlafen hinlegte. Als sie das Mädchen am Morgen vorsichtig fragten, was es denn geträumt habe, lachte Karina und sagte: „Gar nichts!" Ein ähnlicher Vorfall wiederholte sich erst drei Monate später, und zwar in einer Woche dreimal! Zweimal hatte Karina das Zimmer verlassen, und einmal stand sie am Fenster und schaute hinaus. Die Eltern waren jeweils durch Geräusche wach geworden. Nun waren die Eltern so besorgt, dass sie um Hilfe baten.

Für die Eltern war es beruhigend zu erfahren, dass Schlafwandeln in Karinas Alter eine harmlose, vorübergehende Erscheinung ist. Sie akzeptierten, abzuwarten, bis Karina von allein zu ihrem Bett zurückgehen würde, nachdem besprochen war, was zum Schutz des Kindes an Sicherheitsmaßnahmen durchgeführt werden sollte. Dazu gehörte, dass die Fenster von Karinas Zimmer eine Kindersicherung bekamen und am Treppenabgang das Sicherheitsgitter wieder angebracht wurde.

So konnte das Mädchen zur Toilette, nicht aber die Treppe hinabgehen. Die Eltern hofften, dass das Schlafwandeln möglichst bald verschwinden würde, doch zeigte es sich bis zur Einschulung des Kindes in größeren Abständen immer wieder.

Kinder, die unter Nachtschreck leiden, wissen von ihren Handlungen nichts und können sich am folgenden Tag nicht mehr daran erinnern.

Karina hat nie die stärker ausgeprägte Form des unvollständigen Erwachens gezeigt, die mit teils starker Verwirrtheit, Wut und dem Ausstoßen von bösen Worten einhergehen kann.

Zeigt sich ein solches Bild bei einem Kind, so sprechen wir von Nachtschreck.

Definition

Von Nachtschreck spricht man, wenn ein Kind, das beim Wechsel von einer Schlafphase in eine andere unvollständig erwacht, in diesem Zustand grauenerregende Schreie ausstößt, mit einem Ausdruck von Angst und Panik aus dem Bett springt und vor etwas wegrennen möchte. Das Kind ist nicht wach und weiß von seinen Handlungen nichts. Es kann sich auch am folgenden Tag nicht mehr daran erinnern.

Fallbeispiel Vincent

Vincent, sechs Jahre alt, schlief, kaum dass er in seinem Bett lag, tief und fest. Hin und wieder schien er kurz zu erwachen, drehte sich um, suchte nach Besko, seinem Kuschelhund, zog die Bettdecke hoch und schlief wieder ein. „So", berichteten die Eltern, „verliefen die ersten Stunden im Schlaf unseres Sohnes bis zu jenem Tag vor einer Woche, als wir durch einen gellenden Schrei aus dem Kinderzimmer herbeigerufen wurden." Vincent schien wach zu sein und sich gegen einen unsichtbaren Feind zu wehren. Seine Augen waren weit aufgerissen, sein Gesicht von Panik gezeichnet. Schweiß stand auf seiner Stirn, und der Vater spürte, wie sehr das Herz des Kindes raste, als er den Jungen in seine Arme nehmen wollte. Vincent wehrte sich vehement gegen den Vater, den er nicht zu erkennen schien. Auch die Stimme der Mutter nahm er nicht wahr. Besorgt und verzweifelt betrachteten die Eltern ihr tobendes Kind. Wenige Minuten später wurde Vincent ruhiger, das Schimpfen und Schreien ging in Murmeln über und der Junge legte sich wieder in sein Bett. Er suchte wie gewohnt nach dem Hund, zog die Bettdecke hoch und schlief sogleich ruhig und fest. Es dauerte lange, bis die Eltern in dieser Nacht Schlaf fanden. Schlimme Befürchtungen gingen ihnen durch den Kopf. Als sich eine ähnliche Situation wenige Tage später am Wochenende wiederholte, kamen die Eltern voll Sorge in die Sprechstunde, während Vincent fröhlich im Kindergarten spielte.

Die Eltern hörten, dass das, was sie erlebt hatten, unvollständiges Erwachen aus dem Tiefschlaf gewesen war und sie in einer solchen Situation nur dafür sorgen sollten, dass das Kind weder sich noch andere verletzen könnte. Sonst könnten und brauchten sie nichts tun, weil ihrem Kind nicht Schlimmes widerfuhr. Sie konnten akzeptieren, dass sie im Falle einer Wiederholung ruhig abwarten sollten. Nur wenn Vincent ruhig geworden war und nicht zügig wieder ins Bett zurückfand, sollten sie ihm helfen, ihn aber nicht völlig wach machen. So würde der Junge schnell weiterschlafen und am nächsten Morgen von der nächtlichen Aufregung gar nichts wissen.

Vincents Eltern berichteten später, dass sie in den ersten Wochen nach den geschilderten Ereignissen ziemlich schlecht schliefen, da sie das erneute Auftreten einer Nachtschreck-Situation fürchteten. Da diese aber nie mehr eintrat, verloren sie ihre Angst.

Treten Schlafwandeln und Nachtschreck bei Kindern im Schulalter oder bei Jugendlichen häufiger auf, ohne dass ein fieberhafter Zustand vorliegt, so kann dies ein Anzeichen dafür sein, dass das Kind seine erlebten Gefühle nicht zulassen kann und bisher nicht gelernt hat, wie es mit seinem Ärger, seiner Wut, mit Eifersucht, starker Abneigung gegen andere Menschen etc. umgehen soll. In diesem Fall sollten Sie sich um die Hilfe eines Psychologen bemühen.

Alpträume

Alpträume sind echte Träume, die nur in der REM-Phase des Schlafes, meist in der zweiten Nachthälfte in den frühen Morgenstunden, vorkommen.

Alpträume kommen im Kindesalter so häufig vor, dass ich Ihnen fast sagen möchte: „Alle Kinder haben irgendwann einmal Alpträume." Sicher werden Sie nun weiter fragen: „Was sind die Ursachen für solch schreckliche Träume? Warum finden sie statt?" Die Inhalte der Alpträume haben etwas mit den Ereignissen im Tagesablauf Ihres Kindes zu tun, wobei der körperliche und seelische Entwicklungsstand Ihres Kindes zu dem Zeitpunkt, an dem die Geschehnisse auf es einstürmen, eine Rolle spielt.

> **Definition**
>
> Alpträume sind Träume, die einen schlafenden Menschen in große Sorge versetzen, ihm fürchterliche Angst machen. In der Regel wird die Person, die einen Alptraum erlebt, wach und fühlt sich über den Traum hinaus noch sehr bedroht und geängstigt.

Erinnern Sie sich an meine Sätze im Kapitel Einschlafschwierigkeiten der Kindergarten- und Schulkinder (siehe Seite 103 f.)? Dort habe ich erklärt, dass Kinder dieses Alters oft nicht in den Schlaf finden, weil die Erlebnisse des vergangenen Tages oder die Ereignisse, die die Kinder am kommenden Tag erwarten, ihnen Angst einflößen und verhindern, dass sie in den Schlaf finden.

Dazu gehören nicht nur die Angst vor dem Kindergarten, dem Hort und der Schule, sondern auch die Angst vor den eigenen Gefühlen wie Wut, Neid, Eifersucht auf ein kleines Geschwisterchen etc.. Auch Bedrohung durch Streit zwischen den Eltern, Streit der Eltern mit den Großeltern, Probleme, die die Eltern mit pubertierenden Geschwistern haben, Krankheit und Sucht oder Arbeitslosigkeit und finanzielle Not in der Familie können Hintergründe eines Alptraumes sein. Außerdem können die eigenen aggressiven und sexuellen Impulse des Kindes, die es überraschend empfindet und die ihm, da es sie noch nicht ausreichend verarbeiten kann, Angst einflößen oder es in Verwirrung stürzen, zu wirklichen Ängsten führen, die sich nachts im Traum, dem Alptraum, widerspiegeln.

Bereits einjährige Kinder können einen Alptraum erleben. Sie werden geängstigt sein, das Erlebte aber nicht als „nur einen Traum" verstehen. Kinder ab etwa drei Jahren können einen Alptraum als Traum

Unausgesprochene Gefühle können Angst machen. Geben Sie Ihrem Kind die Möglickeit, über sein Empfinden und seine Ängste zu sprechen.

wahrnehmen. Im Alter von vier bis zu sechs Jahren kommen Alpträume besonders häufig vor. Gehen Eltern liebevoll auf die Ängste des Kindes ein und versuchen sie, ihre Erziehungsweise zu überdenken und falls nötig zu lockern, auf jeden Fall aber Gespräche über alle erlebten Gefühle am nächsten Tag zuzulassen, so werden die Alpträume verschwinden, da das Kind sich geborgen fühlen kann.

Manchmal treten aber noch im Alter von sieben bis elf Jahren häufig Alpträume auf. Dann sollte man sich fragen, ob nicht der Fernsehkonsum mit seinen Szenen von körperlicher Gewalt mit oft vom Kind nicht verstandener Sexualität eine bedeutende Rolle dabei spielt, dass das Kind sich als wenig geschützt und geborgen erlebt. Seine Ängste und Verunsicherungen nehmen während des Schlafes die Gestalt von Monstern oder wilden Tieren an, die das Kind jagen.

Auch in der Zeit der Pubertät und frühen Jugend berichten junge Menschen manchmal über eine Beeinträchtigung durch Alpträume. Dann stellt sich die Frage: Hat die oder der Jugendliche die Möglichkeit, voll Vertrauen über schulische Probleme, über die seelische Belastung durch die körperliche Entwicklung, über Sexualität und die Suche nach der eigenen Identität zu sprechen und befriedigende Antworten oder den Hinweis auf ein gutes Buch zu diesem Thema zu bekommen?

Was können Sie tun, wenn Sie erleben, dass Ihr Kind hin und wieder einen Alptraum hat, und Sie überzeugt sind, dass das Kind in einer normalen Familie ohne schwer wiegende Probleme oder Belastungen aufwächst?

Ist Ihr Kind noch sehr klein, so nehmen Sie es in den Arm und trösten es. Lassen Sie es Geborgenheit

Was Eltern sonst noch Sorgen macht

Worin unterscheiden sich Nachtschreck und Alptraum?

Nachtschreck	**Alptraum**
tritt vor Mitternacht (im Non-REM Schlaf) etwa 70 bis 180 Min. nach dem Einschlafen auf	tritt in der zweiten Nachthälfte auf (im REM-Schlaf), in der Regel gegen Morgen
das Kind ist nicht oder nur äußerst schwer weckbar	das Kind ist leicht weckbar und dann gut orientiert, es steht noch unter der Einwirkung des bösen Traumes und fürchtet sich
das Kind hat keine Erinnerung an das Geschehen	das Kind zeigt Erinnerungen und kann den Traum wiedergeben
das Kind ist sich der Gegenwart der Eltern nicht bewusst	das Kind ist sich schnell der Gegenwart der Eltern bewusst und wird durch sie getröstet
das Kind schläft schnell wieder tief	das Kind fühlt sich noch länger geängstigt und braucht oft länger, um wieder einzuschlafen

spüren, indem Sie ihm körperliche Nähe gewähren und ihm ein Liedchen summen oder leise liebe Worte des Trostes sagen.

Ist Ihr Kind schon drei oder vier Jahre alt oder noch älter, dann sollten Sie ihm sagen, dass es nur geträumt hat, und versuchen herauszufinden, ob es dies verstanden hat und glauben kann. Machen Sie eventuell kurz das Licht an, damit Ihr Kind sich orientieren kann und sieht, dass es nicht mehr am Ort seines Traumes, sondern zu Hause bei Ihnen ist. Auch wenn Ihr Kind nun weiß, dass es geträumt hat, wird es sich immer noch fürchten, und Sie sollten überlegen, welcher Weg für sie beide am schnellsten wieder zu einem erholsamen Schlaf führen kann:

- Entweder sie bleiben eine Zeit lang am Bett Ihres Kindes, streicheln es und sagen liebe, beruhigende Worte oder

- Sie nehmen das Kind zu sich ins Bett. Natürlich sollte dies nicht dazu führen, dass Ihr Kind von nun an gern einmal einen Alptraum hat.

Treten Alpträume gehäuft auf, so ist es ratsam, am Tag in aller Ruhe mit dem Kind über den Inhalt des Traumes zu sprechen. Vielleicht gibt er Ihnen einen Hinweis, bei welchen Erlebnissen des Tages Ihr Kind Hilfe und Ihre Nähe braucht (zum Beispiel gemeinsames Ansehen der gewünschten Fernsehsendung und nachfolgendes Besprechen des Gesehenen).

Oft hilft es dem Kind, wenn es ein Bild von seinem schrecklichen Traum malt, vielleicht kann es dann anhand des Bildes auch leichter mit Ihnen über den Traum sprechen. Versuchen Sie, falls das Kind mitspielt, die Geschichte des Traumes weiter zu spinnen. So kann Ihr Kind mit Ihrer Hilfe oder auch ganz allein eine Lösung finden, die es ihm erlaubt, in Zukunft ruhiger zu schlafen.

Sinnvolle Hilfe bei Nachtschreck und Alptraum

Nachtschreck	**Alptraum**
Sie helfen Ihrem Kind, wenn Sie möglichst unbeteiligt bleiben, es jedoch vor Verletzungsmöglichkeiten schützen	Sie helfen Ihrem Kind durch liebevolle, unterstützende Zuwendung

Was Eltern sonst noch Sorgen macht

Es kann aber auch sein, dass Sie die Hilfe einer Beratungsstelle benötigen, wenn Ihr Kind nicht mit Ihnen über sein nächtliches Erleben sprechen mag und sich vielleicht auch sonst am Tag ziemlich ängstlich zeigt und wenig Kontakt zu Gleichaltrigen sucht.

> **Buchtipps**
>
> Für das Kindergarten- und frühe Schulalter:
>
> „Mutter sag, wer macht die Kinder?" von Janosch
>
> „Peter, Ida und Minimum" von Grethe Fagerström und Gunilla Hansson
>
> Für ältere Schulkinder:
>
> „Total normal. Was du schon immer über Sex wissen wolltest" von Robie H. Harris und Michael Emberley
>
> „First Love. Alles über Liebe und Sexualität" von Patricia Mennen und Dagmar Geisler

Atemprobleme im Schlaf (obstruktive Schlafapnoe)

Viele Eltern berichten, dass ihr Kind nachts gelegentlich mehr oder weniger laut schnarche. Das ist nicht beunruhigend. Wenn aber das Schnarchen regelmäßig ziemlich laut zu hören ist, das Kind sehr unruhig schläft, häufig verschwitzt aufwacht und am Tag auffallend müde, meist auch blass ist und sich in seinem Verhalten verändert, sollten Sie das Kind von einem Kinderarzt oder Hals-Nasen-Ohrenarzt untersuchen lassen.

Eine Einengung/Verlegung der Atemwege kann zur Schlafstörung werden. Das Kind, dessen Atmung durch die Verlegung des Atemweges kurz aussetzt, wird viele Male in einer Nacht wach, um durch die Anspannung seiner Gaumen- und Zungengrundmuskulatur den Durchfluss der Atemluft, das heißt das Weiteratmen zu gewährleisten.

Als häufige Ursachen für eine Einengung der Atemwege kommen in Frage:

- vergrößerte Gaumenmandeln (Tonsillenhyperplasie)

- Wucherungen der Rachenmandeln (Adenoide)

- Infektionen des Nasen-Rachen-Raumes.

Eine Operation kann in vielen Fällen die ungehinderte Atmung wiederherstellen und dem Kind und den Eltern die erwünschte und benötigte Nachtruhe wiedergeben.

Ähnliche Probleme können bei stark übergewichtigen Kindern auftreten. Hier hilft nur eine Reduktion des Körpergewichtes durch Ernährungsumstellung und Steigerung der Körperaktivität.

Schlafzwang (Narkolepsie)

Wenn ein Kind regelmäßig mehr als zwei Stunden länger innerhalb von 24 Stunden schläft, als in der Tabelle auf Seite 29 angegeben ist und am Tag immer wieder schläfrig ist oder sogar einschläft, vielleicht noch als älteres Schulkind regelmäßig einen Mittagsschlaf hält und am Nachmittag schon wieder sehr müde ist, sollten Sie versuchen zu klären, warum Ihr Kind so viel Schlaf benötigt. In sehr seltenen Fällen kann eine Narkolepsie vorliegen.

Narkolepsie ist eine sehr selten auftretende Erkrankung. Sie beginnt in der Kindheit oder Pubertät als angeborene (genuine, idiopathische), seltener als Folgeerkrankung (symptomatische Erkrankung), zum

Der Schlafzwang überfällt das Kind ganz plötzlich und kann nicht unterdrückt werden.

Beispiel nach einer Entzündung oder Verletzung des Gehirns. Durch eine Störung der Schlafsysteme tritt am Tag mehrmals ein anfallsweiser, unüberwindlicher Schlafzwang auf. Auch der Nachtschlaf ist auffällig. Er wird durch viele Wachphasen unterbrochen und es tritt zu früh eine REM-Phase auf. Häufig erscheint sie sofort oder mindestens innerhalb von zehn Minuten nach dem Einschlafen, nicht, wie zu erwarten, erst nach einem abgeschlossenen Zyklus einer Non REM Phase. Die Symptome dieser seltenen Erkrankung werden meist lange nicht erkannt, sodass die Diagnose oft erst nach längerem Bestehen der Krankheit gestellt wird.

Man kann aber nicht sagen, dass jedes sehr schläfrige Kind an einer Narkolepsie leidet. Schläfrigkeit am Tag kann ein Symptom für Schlafstörungen in der Nacht – unzureichende Schlafmenge oder unzureichende Schlafqualität – oder für Depressionen sein. Eine vermehrte Schläfrigkeit kann auch auf eine gerade ablaufende Krankheit oder die Wirkung von Medikamenten, die zur Behandlung einer Krankheit erforderlich sind, zurückzuführen sein.

Liegt der auffallenden Schläfrigkeit Ihres Kindes ein noch normales, aber großes Schlafbedürfnis zugrunde, so ist es notwendig, durch Umstellung der Lebensgewohnheiten dieses zu ermöglichen, notfalls bei älteren Kindern einen Kompromiss zu schließen, um das Schlafbedürfnis wenigstens an einigen Tagen der Woche zu befriedigen (siehe Seite 118 f.).

Erscheint Ihnen aber das Schlafbedürfnis Ihres Kindes unerklärlich groß, so ist eine ausführliche Untersuchung, wenn möglich in einem Schlaflabor, angezeigt. Dort erhalten Sie fachlichen Rat.

Was Eltern sonst noch Sorgen macht

Bettnässen

Das Bettnässen an sich ist keine Schlafstörung, aber ein nasses Bett kann den Schlaf des Kindes stören.

Definition

Man spricht von Bettnässen, wenn ein Kind ab dem Alter von fünf Jahren häufig oder regelmäßig unwillkürlich nachts sein Bett nass macht und medizinische Ursachen für dieses Einnässen ausgeschlossen worden sind.

Die Forschung unterteilt heute das kindliche Einnässen je nach seinen Ursachen in folgende Formen:

Das reine, monosymptomatische Bettnässen (Enuresis nocturna)

a. Primäres monosymptomatisches Bettnässen: Das Kind war noch nie über eine längere Zeit trocken.

b. Sekundäres monosymptomatisches Bettnässen: Das Kind nässt nach einer Trockenperiode von wenigstens drei bis sechs Monaten wieder ein.

Ursache

Ursache ist eine meist ererbte Entwicklungsverzögerung in Bezug auf den Erwerb einer sicheren Blasenkontrolle sowie eine Aufwachstörung.

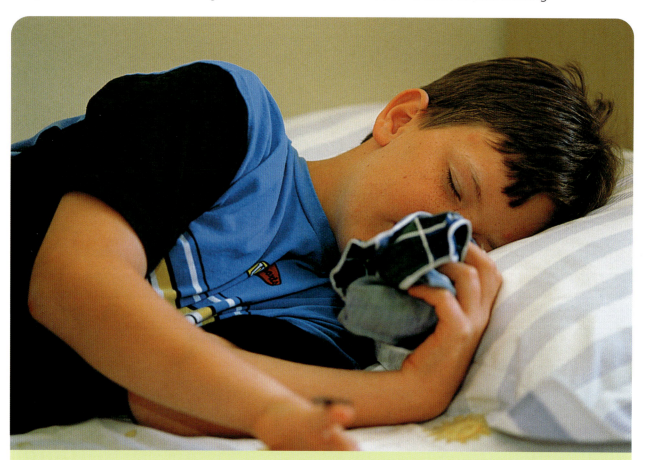

Für eine begrenzte Zeit zu Beginn des Trainings kann das abendliche Wecken sinnvoll sein, wenn das Kind häufig oder regelmäßig mehrmals pro Nacht einnässt.

Was Eltern sonst noch Sorgen macht

Behandlung

Es gilt heute als erwiesen, dass die sinnvollste und erfolgreichste Behandlung des Bettnässens die Verhaltenstherapie, gegebenenfalls mit Einsatz eines Weckgerätes, ist. Diese kann mit einer guten Anleitung auch von den Eltern übernommen werden.

Die kindliche Harninkontinenz, die am Tag und/oder in der Nacht auftreten kann

Ursachen

- am häufigsten (90%) kommen die funktionellen Störungen der Blase vor:
Störung in der Füllungsphase der Blase (Dranginkontinenz)
Aufschubstörung (Überlaufblase)
Störung in der Entleerungsphase der Blase (Koordinationsstörung)

Als weitere Ursachen kommen vor:

- Harnwegsinfekte

- Missbildungen in den Nieren oder ableitenden Harnwegen (strukturelle Formen der Harninkontinenz)

- neurogene Störungen

Behandlung

Da bei der kindlichen Harninkontinenz eine Störung mit Krankheitswert vorliegt, sollte die weitere Untersuchung und Behandlung in den Händen eines Fachmannes (Kinderarzt/Kinderurologe oder Psychologe) liegen.

Das reine Bettnässen ist eine weit verbreitete Entwicklungsstörung, die in der Regel nicht auf eine psychische Störung oder Erkrankung zurückzuführen ist.

Etwa 15 Prozent der Fünfjährigen, 10 Prozent der Sechs- bis Siebenjährigen, 5 Prozent der Zehnjährigen und noch 1 Prozent der 18-Jährigen nässen regelmäßig nachts ein!

Obwohl die Spontanheilungsrate der Bettnässer mit reinem (monosymptomatischem) Bettnässen mit 10% pro Jahr hoch ist, ist es doch ratsam, bei einem Kind von etwa fünf Jahren oder älter eine Behandlung zu beginnen, denn nicht nur das Familienklima, sondern auch das Selbstwertgefühl des Kindes leidet infolge des Bettnässens. Das Kind weigert sich oft, an altersgerechten Unternehmungen (Übernachtung im Kindergarten, in der Jugendherberge oder bei Freunden) teilzunehmen, weil es sein Einnässen geheim halten will.

Buchtipps

Ausführliche Informationen zum Thema Bettnässen und den Möglichkeiten der Behandlung finden Sie u. a. in folgenden Büchern:

„Bettnässen – Verstehen und behandeln" von Alexander von Gontard

„Einnässen im Kindesalter: Erscheinungsformen – Diagnostik – Therapie" von Alexander von Gontard

„So wird Ihr Kind trocken" von Irmgard Zuleger

Letzteres ist ein Selbsthilfeprogramm für Eltern, das ich basierend auf meiner langjährigen Erfahrung in der Behandlung bettnässender Kinder erstmals 1998 veröffentlicht habe. In den vergangenen Jahren habe ich zahlreiche Rückmeldungen von betroffenen Familien bekommen, die mir mitteilen, dass es das Problem des Bettnässens bei ihnen nicht mehr gibt und dass das Arbeiten mit dem Programm Kind und Eltern Freude gemacht hat.

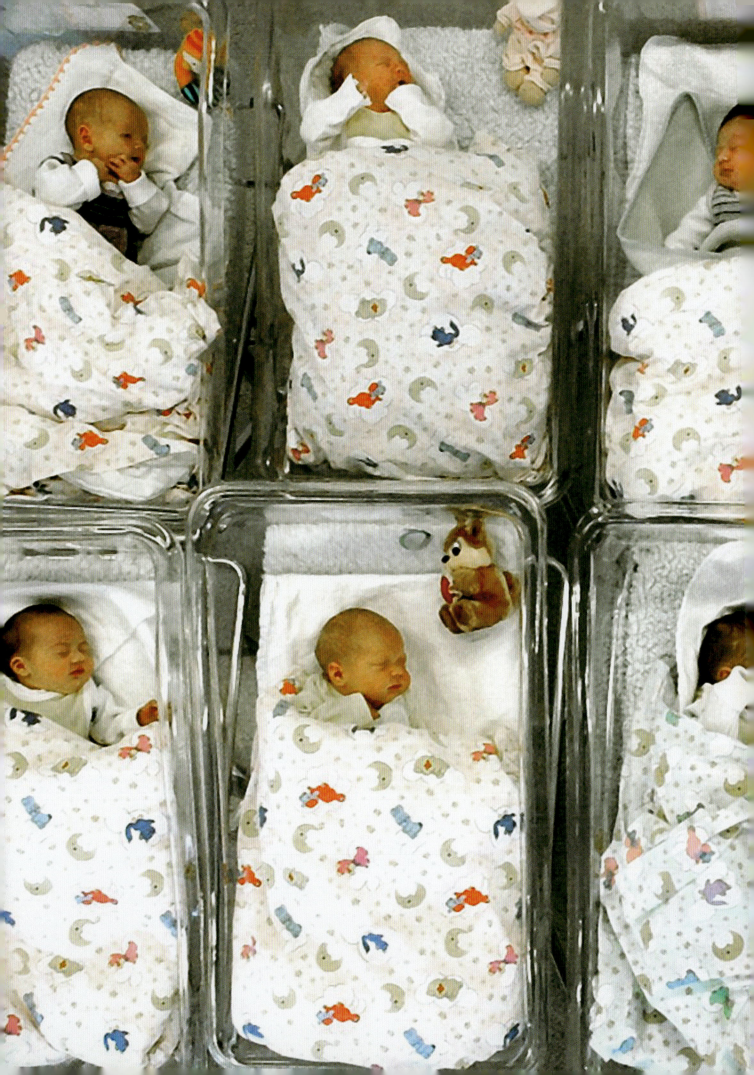

Anhang

Literaturhinweise

Brett, D.: Anna zähmt die Monster, Verlag iskopress, Salzhausen 1997

Brett, D.: Ein Zauberring für Anna, Verlag iskopress, Salzhausen 2000

Cave, K., Riddell, Ch.: Irgendwie anders, Oetinger Verlag, Hamburg, 1994

Dolto, F., Dolto-Tolitch, C.: Von den Schwierigkeiten, erwachsen zu werden, Verlag Ernst Klett-Cotta, Stuttgart 1991

Ende, M., Fuchshuber, A.: Das Traumfresserchen, Thienemann Verlag, Stuttgart 1997

Fagerström, G., Hansson, G.: Peter, Ida und Minimum, Ravensburger Verlag, Ravensburg 1992

Ferber, R.: Schlaf, Kindlein, schlaf. Schlafprobleme bei Kindern, Editions Trobisch im Hänssler Verlag, Holzgelingen 1994

Friese, H.-J., Friese, A.: Manchmal habe ich solche Angst, Mama, Herder Verlag, Freiburg 1997

v. Gontard, A.: Bettnässen – Verstehen und behandeln, Walter Verlag, Düsseldorf 2001

v. Gontard, A.: Einnässen im Kindesalter: Erscheinungsformen – Diagnostik – Therapie, Thieme Verlag, Stuttgart 2001

Harris, R. H., Emberley, M.: Total normal. Was du schon immer über Sex wissen wolltest, Alibaba Verlag, Frankfurt/Main 1994

Janosch: Mutter sag, wer macht die Kinder?, Mosaik Verlag, München 1992

Kahn, A.: Die Schlafschule. Mein Kind lernt schlafen, Deutscher Taschenbuch Verlag, München 2001

Kast-Zahn, A., Morgenroth, H.: Jedes Kind kann schlafen lernen, Oberstebrink Verlag, Ratingen 2002

Kraenz, S. et al.: Schlafprobleme bei Schulanfängern, in: Kinder- und Jugendarzt Nr. 7, 2003

Lucht, Irmgard: Die Grüne Uhr und Die Vogel-Uhr, Heinrich Ellermann Verlag, München 1977

Mennen, P., Geisler, D.: First Love. Alles über die Liebe und Sexualität, Ravensburger Verlag, Ravensburg 2001

Ostheeren, I., Unzner, Ch.: Martin hat keine Angst mehr, Nord-Süd Verlag, Gossau, Zürich und Hamburg 1993

Oyen, W., Kaldhol, M.: Abschied von Rune, Heinrich Ellermann Verlag, München 1997

Petermann, F., Petermann, U.: Training mit sozial unsicheren Kindern, Beltz Psychologie Verlags Union, Weinheim 1989

Rabenschlag, U.: So finden Kinder ihren Schlaf. Schlafprobleme bei Kindern, Herder Verlag, Freiburg 1998

Rabenschlag, U.: Kinder stark machen gegen die Angst. Wie Eltern helfen können, Herder Verlag, Freiburg 2002

de Saint-Exupéry, A.: Der kleine Prinz, Karl Rauch Verlag, Düsseldorf 2000

Schmidt-Traub, S.: Selbsthilfe bei Angst im Kindes- und Jugendalter, Hogrefe Verlag, Göttingen 2001

Steinhausen, H.-C., v. Aster, M.: Handbuch Verhaltenstherapie und Verhaltensmedizin bei Kindern und Jugendlichen, Beltz Psychologie Verlags Union, Weinheim 1993

Zuleger, I.: So wird Ihr Kind trocken, Honos Verlag, Köln 2004

Register

A

Abendessen 92
Abendmahlzeit 41, 43
Abendritual 21, 66, 80, 88, 90
Adenoide 134
Aggressivität 103
Aktiver Schlaf 24
Alkohol 123
Allein-Einschlafen 11, 36
Allergien 48
Alpträume 21, 95, 131–133
Ängste 21, 93, 95, 103, 106, 108, 110–112, 114, 119, 132
Angstsituation 116
Angststörung 119
Angstthermometer 109
Atemluft 134
Atemprobleme 134
Atemwege 134
Atmung 17, 24, 117, 122
Aufmerksamkeit 48
Aufwachen 65
Aufwachstörung 136
Augenbewegungen 24

B

Bauchmassage 46
Bauchweh 91, 99
Belastung 49, 78, 132
Belastungssituation 21
Belohnung 113
Belohnungsplan 97, 101, 113–114
Beruhigung 52
Bett 12, 31–32, 35
Bettdecke 32, 97, 130
Bettnässen 95, 136
Bettnässer 137
Bewegungsspiele 126
Bezugsperson 15, 88
Biorhythmus 17–18
Blähungen 46, 48, 50
Blasenkontrolle 136
Blickkontakt 52–53
Blutdruck 17

C

Checking-up 44
Cortisol 117

D

Dämmerphase 26
Dämmerzustand 129
Darminfektion 48

Decke 32
Depressionen 135
Dermatitis 13, 48
Dranginkontinenz 137
Drei-Monats-Koliken 49
Dunkelheit 36, 83, 95
Durchlüften 124
Durchschlafen 54
Durchschlafstörungen 21, 65
Durst 47, 91

E

EEG 23–24, 129
Einschlafen 59
Einschlafgewohnheiten 58, 59, 61
Einschlafhilfe 66, 73, 77
Einschlafprobleme 65
Einschlafritual 43
Einschlafsituation 65
Einschlafstörungen 21
Einschulung 98
Ekzem 48
Entleerungsphase 137
Entspannungszeit 74
Entwicklungsverzögerung 129, 136
Erholung 117
Erkrankung 21
Erschöpfung 15
Erziehungsstil 21
Erziehungsverhalten 25
Essenszeiten 17

F

Familienklima 104, 137
Familienmitglieder 30, 65
Familienstrukturen 21
Fantasien 93
Fencheltee 46
Ferber, Richard 44
Ferber-Methode 44, 55, 61, 66, 70
Fieber 47
Fläschchen 86
Flasche 68
Flaschenfütterung 41
Flaschenkind 14, 78
Fliegergriff 46
Flüssigkeitszufuhr 78
Freiburger Sanduhr-Methode 44
Frühaufsteher 20
Frustration 48

G

Geborgenheit 21, 34, 55, 60
Gedächtnisbildung 29

Gehirn 24
Gemütsstimmungen 29
Gesamtschlafdauer 19
Gestillte Säuglinge 13
Grundbedürfnis 23
Grundschulkind 98

H

Haare 16
Halbwachsein 46
Harninkontinenz 137
Harnwegsinfekte 137
Hauptmahlzeiten 43
Haustier 124
Hauterkrankungen 13
Hautkontakt 41
Heimkinder 124
Heißhunger 50
Hellwachsein 46
Herumtragen 16
Herz 122
Herzrhythmus 24
Herzschlag 24
Hirnstrom-Ableitungen 24
Hirnstrombild 24, 129
Hodendrehung 48
Hodentorsion 48
Hormonausschüttungen 17
Hunger 43, 47, 91

I

Infekte 47
Infektionen 122
Invagination 48

J

Jetlag 18–19
Juckreiz 48, 91
Jugendliche 117–118

K

Kinderarzt 123–124
Kinderurologe 137
Kinderwagen 53, 84
Kinderzimmer 11, 129
Kirschkernsäckchen 46
Kleidung 48
Kleinkindalter 20, 85, 125, 128
Kleinkinder 55
Koliken 48
Koordinationsstörung 137
Kopfkissen 124
Kopfrollen 124
Kopfschaukeln 126

Kopfschlagen 124, 127
Kopfweh 91, 99
Körbchen 32, 56
Körperaktivität 134
Körperbewegungen 32
Körpergewicht 41, 134
Körperhaltung 48
Körperkontakt 35, 124
Körperrhythmen 18
Körpertemperatur 18, 117
Krabbeldecke 33
Krankheit 15, 32, 78, 119, 135
Kreislauf 122
Kulturbereich 32
Kümmeltee 46
Kuscheltier 32, 44
Kuscheltuch 32, 44
Kuschelzeiten 97

L
Langeweile 48
Langschläfer 102
Lebensgewohnheiten 135
Lebensrhythmen 86
Leistenbruch 48
Lernprozess 19
Licht 16, 41, 72

M
Mahlzeiten 11, 19, 41, 46, 55, 62, 81
Medikamente 10
Methode des schrittweisen
  Lernens 44
Milch 57, 78
Mittagessen 89
Mittagsmahlzeit 85
Mittagsschlaf 79, 83, 89, 134
Mittagsschläfchen 20, 79, 89
Mittelohrentzündung 48
Mobile 53
Monosymptomatisches Bettnässen 136
Morgenmuffel 83
Motivation 113
Müdigkeit 12, 30, 47, 68, 88
Müdigkeitszeichen 29
Mullwaschlappen 75
Musik 68
Muskeln 24, 128
Muttermilch 13, 50
Mütze 32

N
Nabelschnur 41
Nachmittagsschläfchen 84
Nachtbekleidung 32
Nachteule 83
Nachtlicht 93
Nachtmahlzeit 43, 56, 63
Nachtmahlzeiten 77–78
Nachtruhe 32, 59, 80
Nachtschlaf 20, 55, 79–85, 135
Nachtschlafphase 17, 19, 79, 81
Nachtschreck 21, 127–131, 133
Nähe 43
Nahrung 41, 77
Nahrungsaufnahme 25
Narkolepsie 134–135
Nase 47
Nasen-Rachen-Raum 134
Naturschläfer 11
Nervensystem 122
Nesselfieber 48
Nestwärme 59
Nieren 137
Non-REM 27
Non-REM-Phase 24–27, 129, 135
Non-REM-Schlaf 24, 117
Non-REM-Schlafphasen 83
Nuckel 75–76
Nuckeln 15, 57, 77–78

O
Obstruktive Schlafapnoe 134
Orientierungspunkte 37, 43, 69
Otitis media 48

P
Parasomnien 124
Pavor nocturnus 127–128
Platzangst 119
Plötzlicher Kindstod 32, 122–124
Primäres monosymptomatisches
  Bettnässen 136
Protest 27
Protest-Geschrei 28
Psychologen 10
Pubertät 132
Puls 117
Pulsschlag 17
Puppen 33

Q
Quengeln 13, 41, 46, 49, 54, 56, 59, 72, 76, 81
Quengelzeiten 52

R
Rabeneltern 10
Rachenmandeln 134
Rapid Eye Movements 24
Raumtemperatur 32
Reize 50
Reizschutz 25
REM 24, 27
REM-Phase 24–26
REM-Schlaf 24
REM-Schlafphasen 118
Richtlinien 45
Rollläden 19
Rückenlage 123
Ruhe 36
Ruhephasen 41, 46

S
Sauerstoffverbrauch 24
Säugling 12, 15, 24, 32, 41, 46, 53, 55
Säuglingssterblichkeit 123
Schatten 93
Schaukeln 68
Schaukelstuhl 16
Scheidung 95
Scheidungskinder 106
Scheinmahlzeit 78
Schlaf-Wach-Rhythmus 17–19, 24–25, 29, 33, 79
Schlafanzug 32
Schlafapnoe 134
Schlafbedürfnis 35, 135
Schlafbesonderheit 78
Schlafdauer 102
Schlafdefizit 19
Schlafdruck 117
Schlafforscher 24
Schlafgewohnheiten 21, 55, 79, 85
Schlaflabor 23, 135
Schlafmangel 103, 117
Schlafmenge 28–29, 100, 135
Schlafmittel 14
Schlafmuster 78
Schlafphasen 17, 24, 24–25, 27, 31, 82–83, 100, 117
Schlafplatz 31
Schlafprotokoll 41, 45, 55, 61–62, 73–74, 79–81
Schlafqualität 100, 135
Schlafrhythmus 11, 25, 44
Schläfrigkeit 135
Schlafritual 33
Schlafsack 32
Schlafstadien 24
Schlaftiefe 23
Schlafverhalten 22, 25, 29–30, 36, 43, 45–46, 56, 59, 79, 85–86, 129
Schlafverhinderer 21, 119
Schlafwandeln 21, 127–131
Schlafzeiten 19–20, 44, 62, 79, 81, 84, 99, 118, 124
Schlafzimmer 97, 124
Schlafzwang 134
Schlafzyklus 17, 25, 129
Schmerzen 43, 47–48
Schmusen 33, 35, 67, 126
Schmusetier 68, 88
Schmusetuch 68
Schmusezeit 34, 56, 98, 126
Schnuller 75–76
Schrei-Baby 20, 46, 49, 53
Schreien 49–50, 59
Schüchternheit 95
Schulkind 21
Schulleistungen 29
Schulschwierigkeiten 127
Schwangerschaft 123

Sekundäres monosymptomatisches Bettnässen 136
Selbstständigkeit 60, 89
Selbststimulation 103
Selbstvertrauen 119
Selbstwertgefühl 137
Sexualität 132
Sicherheit 34, 55
Sicherheitsgitter 130
SIDS 122
Sinneseindrücke 85
Smiley 106
Somnambulismus 127
Spätentwickler 25
Spieluhr 56–57, 63–64
Spielzeit 84, 91, 98, 114
Spielzeug 32
Stillen 13, 32, 50, 124
Stimme 43
Stimulierung 126
Stoffwechsel 122
Stoffwechselstörungen 48
Streichelmassage 126
Streicheln 33, 41, 57
Stress 49
Stresshormon 117
Stresstage 104
Stubenhocker 103
Stuhlverstopfung 48
Sudden Infant Death Syndrome 122

T

Tag-Nacht-Rhythmus 17, 23, 25, 36, 43, 55, 79, 82, 100
Tag-Nacht-Zeiten 79
Tagesablauf 16, 19, 21, 41, 46, 50, 79, 81, 131
Tagesmahlzeiten 63

Tagesmutter 19
Tagesrhythmus 19, 61–62, 83
Tagesschlaf 85
Tagesschläfchen 21, 26, 41, 43, 73, 79, 81–83, 85
Tagesschlafzeit 85
Teddys 33
Temperament 68
Tiefschlaf 24, 27, 46, 83, 117–118, 129, 131
Tiefschlafphasen 26–27, 83
Tonsillenhyperplasie 134
Traumaktivität 24
Träume 93, 94, 116, 131, 133
Träumen 27, 107
Traumschlaf 24
Traumschlafphasen 24, 83
Traumschlafzeit 117
Trennung 106
Trennungsängste 21, 49, 103
Trinkmenge 78

U

Überfütterung 47
Überhitzung 32
Überlaufblase 137
Überreiztsein 49
Überstreckungshaltung 51
Uhr 126
Um-sich-Schlagen 21
Umgewöhnungsprogramm 66
Unruhezustände 50
Urlaub 78

V

Verdauung 122
Verdauungsablauf 48
Verdauungsprobleme 13, 46, 48–49, 78

Verhaltensänderungen 22
Verhaltensweisen 29, 58–59
Verschobene Schlafzeiten 98
Versteckspiele 88
Verunsicherungen 132
Verwirrtheit 130
Vielschreier 50
Vormittagsschläfchen 81

W

Wachliegen 22
Wachperioden 43
Wachphasen 31, 41, 46, 73, 79, 85, 135
Wachwerden 63, 75
Wachzustand 16, 41, 129
Wärme 47
Wärmflasche 46
Wartezeit 68
Wartezeiten 66, 70–72, 76
Wäschekorb 36
Wecker 101
Weinen 46, 49, 54, 65–67, 72, 76, 81
Weiterschlafen 19, 36, 43
Wertmarken 97, 101, 112
Wiedereinschlafen 43
Willensstärke 68
Windel 47, 78
Wippen 124–125, 127
Wut 48, 111, 130

Z

Zeitschaltuhr 68
Zeitzonen 18
Zirkadianer Rhythmus 23
Zu-Bett-Bringen 93
Zusatzmahlzeit 92